W0264471

TM

Nicholas,

vielen Dank für die Einführung in deine revolutionären Ideen. Es braucht viel Courage, gegen den Strom des herkömmlichen Wissens zu gehen und all die Experten herauszufordern. Ich hoffe, unser Labor wird dir dabei helfen können, die Wahrheit hinter deinen Ideen zu beweisen.

Herzlichen Glückwunsch und bleib standhaft! Die Wahrheit muss ans Licht kommen.

Prof. Tim Noakes
Cape Town University

„Ich hatte eine Verletzung am Fuß und sollte deswegen operiert werden. Nicholas riet mir von der Operation ab. Damit hat er meinen Fuß und wahrscheinlich meine Karriere gerettet. Die Ärzte sagten, wenn ich operiert würde, bestünde ein hohes Risiko, dass die Verletzung zurückkäme. Ich habe seitdem keine Probleme mehr gehabt."

Lisa Miller
Ehemalige Juniorenweltmeisterin über 4x400 Meter

„Es macht so viel Freude, endlich mit Wissen statt mit Zweifeln zu laufen. Danke Nicholas, dass du dein Leben der Suche nach den Antworten gewidmet hast, die wir Läufer gesucht haben."

Debbie Savage
Bronzemedaille bei den australischen Meisterschaften über 800 Meter 2003

„Das Laufen mit Pose war grundlegend für die Verbesserung meiner Laufleistungen."

Tim Don
Duathlon Weltmeister 2002, Triathlon Weltmeister 2006

„Ich habe während eines Workshops das erste Mal von der Pose-Methode gehört und war sofort interessiert, da ich oft mit Verletzungen zu kämpfen hatte. Nach vier Monaten haben sich fast alle meine Erwartungen erfüllt: Meine Ausdauerläufe bescheren mir keinen Muskelkater mehr und mein Laufstil ist viel flüssiger geworden. Vor kurzem habe ich meine seit sieben Jahren bestehende Bestzeit auf 5000 Meter unterboten, obwohl ich schon seit 18 Jahren laufe. Meine Motivation ist größer als jemals zuvor und ich beginne von Zeiten zu träumen, wie ich sie vor 15 Jahren gelaufen bin."

Henk van de Hoek
Physiotherapeut

„Pose verleiht Flügel! Mit Pose habe ich gelernt, mit Leichtigkeit zu laufen. Mein Rücken ist mir dankbar dafür."

Silvia Pleuler
Swiss Gigathlon Siegerin 2002

Titel der Originalausgabe: Dr. Nicholas Romanov's Pose Method of Running
© 2002 Pose Tech Press, Miami, FL, USA

Mehr Informationen:
http://www.posetech.com/europe

Bei der Zusammenstellung von Texten und Abbildungen wurde mit größter Sorgfalt vorgegangen. Autoren und Herausgeber können für fehlerhafte Angaben und deren Folgen weder eine juristische Verantwortung noch irgendeine Haftung übernehmen. Für Verbesserungsvorschläge und Hinweise ist der Herausgeber jederzeit dankbar.

Alle Rechte vorbehalten, insbesondere das der Übersetzung, des öffentlichen Vortrags sowie der Übertragung durch Rundfunk und Fernsehen, auch einzelner Teile. Kein Teil des Werkes darf in irgendeiner Form (durch Fotografie, elektronische Medien oder andere Verfahren) ohne schriftliche Genehmigung des Herausgebers reproduziert oder unter Verwendung elektronischer Systeme verarbeitet, vervielfältigt oder verbreitet werden.

1. Auflage, Januar 2007

Englische Originalausgabe: Dr. Nicholas Romanov mit John Robson
Überarbeitete Ausgabe: Ruben Jongkind, Florian Kugler
Deutsche Übersetzung: Florian Kugler
Fotos: Lana Romanov, Kip Grossman
Illustrationen: Dr. Andrew Pianzin, Sylvia Corbett
Umschlaggestaltung: Lana Romanov
Druck: Oktoberdruck AG, Berlin

ISBN 978-1-934013-00-5

Dr. Nicholas Romanov

LAUFEN

MIT DER

POSE-METHODE

Ein neues Paradigma im Laufsport

Für meine geliebte Großmutter Maria, deren Zuneigung und Liebe mir immer in teurer Erinnerung bleiben wird.

Für meine erste, geliebte Tochter Marianna, die uns nach den Sternen greifen ließ und doch so unerwartet früh von uns gegangen ist.

Für meine Frau Svetlana, deren Liebe und Vertrauen mich immer auf meinem Lebenweg geleitet haben und deren beständige Unterstützung mir dabei geholfen hat, meine Träume zu verwirklichen – dieses Buch ist einer davon.

Inhaltsverzeichnis

Vorwort zur englischen Originalausgabe

„Bewegungen leben und entwickeln sich", sagte ein herausragender russischer Denker des 20. Jahrhunderts: Nikolai Bernstein. Er gilt als Vater der „Physiologie der Aktivität" und ist einer der Begründer der Kybernetik: der Wissenschaft der Entstehung von Bewegung und der Struktur komplexer Systeme. Seit Bernsteins Zeit bemühen sich viele Forscher und Trainer darum, die Geheimnisse der Bewegung zutage zu bringen und die Prozesse ihrer Entstehung zu begreifen.

Doch die Natur gibt ihre Geheimnisse nur selten preis – nur wenigen wird dieses Privileg zuteil. Mit diesem Wissen eröffnet sich einem die Welt.

Was die Geheimnisse der Laufbewegung angeht, scheint Nicholas Romanov einer dieser Privilegierten zu sein. Er hat realisiert, dass die Einfachheit des Laufens ein Trugschluß ist. Alle Versuche, unter den vagen Thesen der Sportbiomechanik und den Anweisungen der Trainer eine Lauftechnik zu formulieren, sind erfolglos geblieben.

Laufen ist eine zyklische Bewegung, in der sich Fehler bei jedem Schritt wiederholen. Viele Menschen riskieren ihre Gesundheit, indem sie mit jedem Schritt Achillessehnen, Schienbeine, Kniegelenke, Rücken, Muskeln oder Bänder strapazieren. Statt der erhofften Kräftigung schädigt man sich damit selbst.

Nicholas Romanovs Methode baut auf wissenschaftlichen Erkenntnissen auf: den Gesetzmäßigkeiten der Natur und der Biomechanik menschlicher Bewegungen. Im Zentrum der Methode stehen die Schwerkraft als dominierender Faktor der Laufbewegung, psychologische und pädagogische Herangehensweisen an das Lehren von Bewegung und die Vermittlung von Einfachheit und Unbeschwertheit beim Laufen.

Die hier vorgestellte Lauftechnik und ihre Lehrmethode sind vom Freizeit- bis zum Leistungssport universell anwendbar. Alle können durch bessere Resultate und Gesundheit davon profitieren.

Doch zuerst muss man sich vom stupiden Training des Körpers und der Leistungssteigerung durch künstliche Mittel verabschieden. Hier geht es um eine ganz andere Sichtweise auf das Laufen: mit besserer Technik, erhöhter Aufmerksamkeit und mentaler Fokussierung.

Ich möchte hier nur am Rande erwähnen, dass die nicht genutzten Möglichkeiten dieser Methode des Lehrens und Trainierens die Gesundheitssysteme von Ländern wie der USA oder Russland viele Millionen Dollar kosten – auch in Familienbudgets könnte viel Geld gespart werden.

Ich habe mich selbst dabei ertappt, ein bisschen neidisch auf die Leser zu sein, die dieses Buch noch entdecken und genießen können – für mich gehört dieses Vergnügen bereits der Vergangenheit an.

Prof. Wadim Balsevitch
Mitglied der Russischen Akademie für Bildung

Vorwort zur deutschen Ausgabe

„Laufen braucht man nicht zu lernen.“
„Laufen ist natürlich, es steckt in unseren Genen.“
„Laufen kann man nicht lernen.“
„Jeder Körper ist anders gebaut, da kann es keinen gemeinsamen Nenner geben.“
„Laufen ist einfach.“

Jeder kennt diese Sätze, es gibt keinen vernünftigen Grund, daran zu zweifeln – oder doch?

Warum hat sich Nicholas Romanov vor über 30 Jahren nicht damit zufrieden gegeben, dass Laufen als einzige Sportart keine technische Ausbildung erfordern soll? Ohne Anleitung für die korrekte Ausführung?

Seine Gründe, die er in diesem Buch präsentiert, sind nicht nur auf dem Papier einleuchtend. Aktuelle wissenschaftliche Studien bestätigen seine Thesen. Aber noch wichtiger ist, dass sich in der praktischen Anwendung der Pose-Methode fast ungeahnte Möglichkeiten zeigen:

- Schneller werden mit weniger Training: Das britische Triathlon-Team verbesserte mit Pose die Laufleistung mit einem Bruchteil der sonst üblichen Trainingskilometer.
- Durch geringere Belastung von Verletzungen verschont bleiben oder wieder beschwerdefrei werden.

Gerade die Behandlung von überlastungsbedingten Laufverletzungen mit Pose ist für mich als Sportmediziner immer wieder faszinierend. Die Behandlungszeit reduziert sich erheblich und selbst Läufer, die sich aufgrund chronischer Beschwerden schon damit abgefunden hatten, mit dem Laufen endgültig aufhören zu müssen, finden zum Laufsport zurück, im Breiten- wie im Spitzensport.

Machen Sie sich frei von den üblichen Vorurteilen. Nicholas Romanov zeigt Ihnen in diesem Buch die ideale Technik des Laufens – für alle erlernbar und unabhängig von Talent und Genen. Laufen wird zum Ganzkörpersport, bei dem es neben der Technik auf Kraft und Flexibilität des gesamten Körpers sowie nicht zuletzt auf die psychischen und mentalen Fähigkeiten ankommt.

Mein herzlichster Dank gilt den Pose-Coaches Florian Kugler und Ruben Jongkind. Durch Ihren Einsatz ist dieses Wissen über leichtes, effizientes und beschwerdefreies Laufen jetzt auch in deutscher Sprache erhältlich. Dieses Buch, auch in Kombination mit der im Handel erhältlichen DVD, ersetzt keine persönliche Anleitung. Sollten Sie also nach dieser spannenden Lektüre die Pose-Methode in der Praxis umsetzen wollen, empfehle ich Ihnen, die Unterstützung eines Pose-Coaches zu suchen. Weiterführende Informationen dazu finden Sie auf www.posetech.com/europe.

Dr. med. Frank Weinert
Sportmediziner
Müllheim, Dezember 2006

Eigentlich sollte ich diese Zeilen nicht schreiben müssen. Ja eigentlich sollte es keine Notwendigkeit für dieses Buch geben. Wieso?

Weil die Pose-Methode nicht neu ist, Nicholas Romanov hat sie in den 1970er Jahren entwickelt und in seiner mehr als drei Jahrzehnte währenden praktischen Arbeit mit Freizeit- und Spitzensportlern erprobt. Dieses Konzept ist von so fundamentaler Bedeutung, dass Sie damit eigentlich seit Ihren ersten Sportstunden in der Grundschule vertraut sein sollten.

Warum ist dem nicht so? Warum schreibe ich diese Zeilen für das erste deutschsprachige Buch über die Pose-Methode?

Die Pose-Methode ist nicht nur eine Sammlung guter Tips, um den Laufstil zu verbessern. Sie ist nicht nur ein weiterer Baustein, mit dem wir unser vorhandenes Wissen ergänzen können. Die Pose-Methode ist ein ganzheitliches Konzept zum Verständnis und zum Lehren von Bewegung. Sie ist ein neues Paradigma in der Bewegungswissenschaft, das nicht einfach in die vorhandenen Kategorien eingeordnet werden kann.

Die Tragweite dieses Konzepts ist jedoch Stärke und Schwäche zugleich. Die Schwäche ist die Schwierigkeit, ein System zu kommunizieren, das derart zur orthodoxen Lehrmeinung im Widerspruch steht. Die Stärken eröffnen sich einem erst, wenn man sich der Herausforderung stellt und als gesichert geltendes Wissen kritisch hinterfragt.

Hat man diesen Schritt erst einmal getan, beginnt eine Entdeckungsreise durch alle Facetten unserer Bewegungen: von den mechanischen und anatomischen Aspekten, über die Geheimnisse unserer Physiologie bis hin zu den Höhen und Tiefen unseres Geistes und unserer Seele.

Laufen ist nur ein Steinchen aus diesem riesigen Puzzle. Die zugrunde liegenden Prinzipien sind universell und finden nicht nur in der Technikschulung beim Laufen, sondern auch in vielen anderen Disziplinen, der Trainingsgestaltung und der Therapie von Verletzungen Anwendung.

Sicherlich ist es unmöglich, all dies in einem Buch zu vermitteln, aber durch das Studium der Pose-Methode für das Laufen können Sie bereits einen Blick auf das dahinter stehende System erhaschen. Sie bekommen einen Eindruck der nahezu endlosen Möglichkeiten, die auch mich in der persönlichen Arbeit mit Nicholas Romanov jedes Mal von neuem überraschen.

„Laufen mit der Pose-Methode“ ist eine praktische Einführung für Läufer, Trainer und alle anderen, die sich für Lauftechnik interessieren. Mit diesem Buch legen Sie den Grundstein, um Ihre Lauftechnik entscheidend zu verbessern und damit Ihre Leistung zu steigern und Verletzungen aus dem Weg zu gehen. Aber es ist mehr als nur ein Laufbuch – Sie werden überrascht sein, wie oft Sie daran denken werden!

Ich möchte mich auf diesem Weg herzlich bei Nicholas Romanov sowie bei meinen Freunden und Kollegen Wouter Buist, Francisco Guzman und Ruben Jongkind für die intensive und inspirierende Zusammenarbeit bedanken, die dieses Buch ermöglicht und den Kalender für die nächsten Jahre schon jetzt mit vielen Plänen gefüllt hat.

Doch vielleicht wird mein Traum eines Tages Wirklichkeit und unsere Kinder lernen all dieses Wissen, bevor Sie später von Verletzungen dazu gezwungen werden. Doch selbst dann wird mich diese Reise noch in Gebiete führen, für die es sich lohnt, ein Vorwort zu schreiben ...

Florian Kugler
Berlin, Dezember 2006

Prolog

„Es gibt für alles die richtige Zeit und den richtigen Ort."
Sprichwort

Ich freue mich, dieses Buch der deutschsprachigen Laufszene präsentieren zu können. Ich bin in vielen Teilen dieser Erde gewesen und hier in Deutschland habe ich viele interessierte Sportler, Freunde und auch Kollegen gefunden, mit deren Hilfe ich mein Wissen nun auch in anderen Sprachen vermitteln kann.

Seitdem dieses Buch im Jahr 2002 in den USA auf den Markt gekommen ist, versuche ich beständig, meine Erkenntnisse zu Sportlern auf der ganzen Welt zu tragen. Mir war klar, dass es eine schwierige Aufgabe werden würde: Die Pose-Methode des Laufens steht im Widerspruch zu allen orthodoxen Vorstellungen von Lauftechnik.

Das klassische Paradigma beschäftigt sich nur mit dem menschlichen Körper, das heißt mit dem Einsatz von Muskelkraft. Die Pose-Methode[1] dagegen betrachtet die Lauftechnik aus dem Blickwinkel der Relation zwischen dem Menschen und der Natur in ihrer ganzen Komplexität: Es geht darum, in Harmonie mit den Kräften der Natur zu laufen.

Wir wissen nicht, was die Wahrheit ist. Wir strengen uns an und machen kleine Schritte in Richtung unserer Ziele – in Richtung dieser Hypothese oder dieses Konzepts, das wir Wahrheit nennen. Mit manchen Schritten liegen wir richtig, mit anderen machen wir Fehler. Nur die Zeit, wie schon Leonardo da Vinci feststellte, wird die Wahrheit ans Licht bringen. Ich habe in den vielen Jahren von 1970 bis heute in der Praxis wie in der wissenschaftlichen Arbeit viele Hinweise gesammelt, dass die Pose-Methode ein Schritt in die richtige Richtung ist.

Auf meinem Weg habe ich viele Freunde gewonnen, die meine Leidenschaft und meine Hingabe für dieses Gebiet teilen. Das war die Grundlage für die deutsche Ausgabe dieses Buches. Ich möchte auf diesem Weg Florian Kugler meine Dankbarkeit und Wertschätzung für die investierte Energie und Zeit ausdrücken.

Im ersten Akt werden Sie die Geschichte der Pose-Methode kennenlernen. Der zweite Akt gibt Ihnen einen Überblick über die Vorteile, die Sie bei richtiger Ausführung mit sich bringt. Alles was Sie über den Lernprozess wissen müssen, finden Sie im dritten Akt, der vierte und fünfte Akt vermittelt Ihnen anschließend die Theorie und die praktischen Übungen. Im sechsten Akt bekommen Sie eine Idee, wie Sie weiter in Ihrem

1 Der Name „Pose-Methode" kommt aus dem Englischen. Deshalb sagen wir hier „Pose" wie im Englischen [p**o**wz] und „Methode" als deutsches Wort.

Lern- und Trainingsprozess vorgehen sollten. Und schließlich lesen Sie im Epilog in „Ausgang aus dem Labyrinth" von Herman Lenferink über die historische Entwicklung der Lauftechnik und den Platz der Pose-Methode in dieser Geschichte.

Ich hoffe, dieses Buch wird Ihnen genauso viel Freude bereiten, wie mir die Arbeit mit der Pose-Methode bereitet.

Dr. Nicholas Romanov
Miami, Dezember 2006

Danksagungen

Auch wenn ich nicht alle nennen kann, die Anteil an meinem Weg haben, so möchte ich wenigstens denen meinen Dank aussprechen, ohne die dieses Buch nicht möglich gewesen wäre:

- Meiner Familie, für ihre vorbehaltlose Liebe und Unterstützung meiner Ideen während meines ganzen Lebens.
- Meiner Frau Svetlana, ohne deren Übersetzungen ich meine Ideen nicht hätte mitteilen können.
- Meinem Koautor und Freund John Robson, der meine Aufzeichnungen zu einem angenehm und einfach zu lesenden Buch gemacht hat.
- Meinen Studenten und Freunden Dr. Andrey Pianzin (Russland) und Sylvia Corbet (Kanada), für ihre wunderbaren Zeichnungen, die meine Ideen veranschaulichen.
- Milton Ferell Jr. und Phillip Wolman, für die Unterstützung meiner Familie in meinem neuen Zuhause. Sie haben mein Leben dort sicherer und stabiler gemacht.
- Stefan Hunter, für seine spirituelle und materielle Unterstützung der PoseTech Corporation. Mit seiner Hilfe konnte ich die Pose-Methode in vielen Teilen der Welt bekannt machen.
- Pasquale Manocchia, als einem der ersten Spezialisten, der die Pose-Methode in Amerika akzeptiert und unterstützt hat. Durch seine Freundschaft hat sich für mich immer das Geschäft mit dem Vergnügen verbunden.
- Professor Tim Noakes und seinen Kollegen von der Cape Town University in Südafrika, für ihre Aufgeschlossenheit und ihre große Unterstützung meiner Arbeit zur Pose-Methode.
- Meinen Freunden Graham Fletcher und Connie Sol, für ihre Zusammenarbeit in Wissenschaft, Fortbildung und Coaching mit Läufern und Triathleten überall auf der Welt.
- Meinen Kollegen und Freunden aus dem USA-Triathlon Coaching Komitee Cyle Sage, George Dallam und Joe Friel, dafür, dass sie die Pose-Methode akzeptiert und sich im Triathlonsport für sie eingesetzt haben.
- Dem britischen Triathlon Verband, ihrem Leistungssportdirektor Graeme Maw und den Athleten Tim Don und Andrew Johns, für ihre hervorragende Arbeit bei der Umsetzung der Pose-Methode.

I. Akt
Die Anfänge

Svetlana und Nicholas Romanov im Jahr 1972

„Liebe(r) LeserIn,
mein Name ist Lena und ich werde Sie mit meiner Geschichte durch dieses Buch führen. Lange bevor ich meine ersten Schritte machte, ja sogar lange bevor ich geboren wurde, machte sich ein russischer Wissenschaftler namens Nicholas Romanov auf, die Geheimnisse der menschlichen Bewegungen zu erforschen. Das Studium der Natur und ihrer Interaktion mit uns Menschen zog ihn in seinen Bann. Es sollte eine lebenslange Aufgabe für ihn werden – eine Reise, die ihn zu vielen Antworten und noch mehr neuen Fragen führte.
Aber der Reihe nach ...“

I. Akt, I. Kapitel

Die Suche nach der idealen Lauftechnik

„Notwendigkeit ist die Mutter jeder Erfindung."
Jonathan Swift

An einem kühlen, regnerischen Oktobermorgen im Jahr 1977 kam ich vom Leichtathletikstadion der pädagogischen Universität zurück. Dort hatte ich gerade ein Seminar über Leichtathletik für meine Studenten von der Sportfakultät gehalten. Zu dieser Zeit war die pädagogische Universität in Cheboksary – etwa 700 Kilometer von Moskau entfernt – ein wichtiger Baustein der sportlichen Vormachtstellung der Sowjetunion. Viele Athleten, die Medaillen bei Olympischen Spielen holten, neue Weltrekorde setzten und die starken sowjetischen Teams anführten, meldeten sich dort an und absolvierten ihr tägliches Training auf den Plätzen und in den Übungsräumen der Universität.

Ich hatte selbst dort studiert und war jetzt Dozent und Leichtathletiktrainer geworden. Obwohl viele unserer Athleten großartige Erfolge feierten und die Fakultät ein hohes Ansehen genoss, passte meine Laune zu diesem trüben Tag: mürrisch und etwas niedergeschlagen.

Ich unterrichtete jetzt bereits seit zwei Jahren und arbeitete an meiner Promotion, als ich realisierte, dass ich in einem Paradoxon gefangen war. Auf der einen Seite hatte ich mehr Fakten und Wissen zur Verfügung als jemals zuvor. Auf der anderen Seite hatte ich trotz der ganzen Universitätsbildung nichts an der Hand, um meine Studenten eine so einfache Übung wie das Laufen zu lehren.

Es war ein merkwürdiges Dilemma. Ich hatte mich, angeleitet von unseren wunderbaren Professoren und den hervorragenden Lehrbüchern mit fast allem auseinandergesetzt, was bis zu dieser Zeit in Wissenschaft und Praxis zum Thema Laufen geschrieben wurde. Aber ich fand nicht, wonach ich suchte: Es gab keine Methode zum Lehren der Lauftechnik – weder in der Theorie noch in der Praxis.

Die Meinungen über die Bedeutung der Lauftechnik und deren Lehrmethode gingen auseinander. Nach der vorherrschenden Meinung lag Laufen so sehr in unserer Natur, dass man Lauftechnik nicht unterrichten konnte und sollte. Der individuelle Laufstil ist uns demnach durch unsere Körperstatur in die Wiege gelegt. Eine andere weit verbreitete Meinung besagte, dass es für Sprint-, Mittel- und Langstrecken verschiedene Lauftechniken gebe und diese daher auch unterschiedlich unterrichtet werden müssten.

In einem Punkt waren sich Trainer und Lehrer aber einig, gleichgültig welche Meinung sie vertraten: Laufen ist eine einfache Bewegung; die besten Läufer sind diejenigen, die gute genetische Voraussetzungen mitbringen und besonders hart trainieren. Dieser Logik zufolge gab es keine Notwendigkeit, sich mit der technischen Ausbildung der Läufer auseinanderzusetzen – ganz im Gegensatz zum Springen, Hürdenlauf oder Werfen. In diesen Disziplinen wurde der Technik eine ebenso hohe Bedeutung beigemessen wie im Ballett, Karate oder Tanz.

Um diese Sportarten zu beherrschen, musste man die Bewegungen strukturieren, mentale Bilder entwickeln und sich wiederholende Bewegungen perfektionieren. Nur bei der elementarsten menschlichen Bewegungsform, dem Laufen, ging man davon aus, dass keinerlei technische Ausbildung nötig sei.

Langsam realisierte ich: Ich wusste überhaupt nicht, wie Laufen aus biomechanischer und psychologischer Sicht funktioniert. Wie konnte ich dann wissen, was und wie ich unterrichten sollte? Ich fühlte mich hilflos und herausgefordert zugleich – ich war bei diesem Problem auf mich selbst gestellt. Es ging mir zwar schon seit langer Zeit durch den Kopf, aber niemals zuvor fühlte es sich so dringend an, wie an diesem grauen, tristen Tag.

In meiner Suche nach Antworten studierte ich Kampfkünste, Tanz und Ballett. Letzteres bot sich besonders an, da in Russland die Kunst und die Tradition des Balletts bis zur Perfektion getrieben wurde. Ich hatte Freunde unter den Balletttänzern und konnte sie während des Trainings und während ihrer Aufführungen beobachten – eine sehr angenehme Verbindung aus Arbeit und Vergnügen.

Wenn ich einige der weltbesten Ballerinas beobachtete, brannte mir eine Frage auf der Zunge: Warum sind die Bewegungen im Ballett, im Tanz oder im Karate so perfekt? Liegt es nur an den unzähligen Wiederholungen einfacher Übungen? Die Antwort auf diese Frage traf mich an diesem grauen Oktobermorgen wie ein Blitz ... alles ist einfach!

Die Einfachheit selbst ist der Schlüssel. Die Ausbildung im Ballett, im Tanz und in den Kampfkünsten erfolgt durch bestimmte Schlüsselpositionen; besser gesagt durch eine ganze Serie dieser Positionen. Die Perfektion der Bewegung entsteht durch den fließenden Übergang zwischen diesen perfekt einstudierten Positionen. In diesem Moment fügte sich für mich alles wie ein Puzzle zusammen: Neuromotorische Muster lernen und verfestigen sich leichter durch bestimmte, festgehaltene Momente der Gesamtbewegung.

Nun stand ich vor der nächsten Frage: Welches sind diese Positionen beim Laufen und wie könnte ich sie aus der Vielzahl verschiedener Positionen isolieren, die der Körper während der Bewegung durchläuft? Was sind die Auswahlkriterien? Die Positionen mussten Gleichgewicht und Kompaktheit miteinander verbinden und die Muskeln mussten bereit sein, von einer Position in die nächste zu wechseln.

Nach vielen Jahren des Studiums und der Beobachtung fühlte ich mich endlich bereit, den Geheimnissen des Laufens auf die Spur zu kommen. Der Plan war einfach – ich musste die gesamte Bewegung auf einzelne Positionen reduzieren und für diese ein System entwickeln, mit dem sie jedem beigebracht werden konnten.

Seit diesem grauen Oktobermorgen sind fast 30 Jahre vergangen. Die Entscheidung, die ich damals getroffen habe, hat mein ganzes Leben und meinen beruflichen Werdegang bestimmt: Ich habe mich dem Verständnis der menschlichen Bewegung verschrieben und eine Technik entwickelt, mit der jeder weiter, schneller und mit weniger Belastung für den Körper laufen kann.

In diesen 30 Jahren hat es viele Veränderungen in meinem Leben gegeben: Ich bin mit meiner Frau Svetlana und meinen Kindern aus Russland ausgewandert und habe ein neues Zuhause in Miami, Florida gefunden. Dort habe ich mich als Coach und Autor selbstständig gemacht und begonnen, mit einzelnen Personen und kleinen Gruppen zu arbeiten. Währenddessen habe ich meine Konzepte für die ideale Lauftechnik stetig weiterentwickelt und verfeinert – aber der Kern ist immer noch der gleiche wie vor 30 Jahren.

Während dieser ganzen Zeit habe ich mit Läufern aller Leistungsstufen zusammengearbeitet, von Olympiateilnehmern und Weltmeistern bis zu Achtzigjährigen. Denn wenn es wirklich eine ideale Lauftechnik gibt, dann muss sie für alle funktionieren, nicht nur für Weltklasseathleten. Ich bin sehr stolz auf die stark verbesserten Laufleistungen meiner olympischen Triathleten, aber als eine noch größere Befriedigung empfinde ich die Entwicklung meiner vielen Schüler mittleren Alters, die wegen chronischer Verletzungen das Laufen schon fast aufgegeben hatten und jetzt wieder schmerzfrei laufen – schneller und leichter als vor 20 Jahren.

Durch mein wachsendes Verständnis der menschlichen Bewegungen hat sich meine Frustration aus dem Jahre 1977 gewandelt: Wo ich mich einst abmühte, der Natur des Laufens auf die Schliche zu kommen, frustriert mich heute mehr der Anblick von Menschen, die gerne laufen wollen, aber durch fehlendes Wissen und schlechte Lauftechnik daran gehindert werden.

Für all diese Leute habe ich das Buch „Laufen mit der Pose-Methode“ geschrieben. Ich hoffe sehr, dass es auch Ihnen ermöglichen wird, besser zu laufen, als Sie es jemals für möglich gehalten haben.

I. Akt, 2. Kapitel

Meine Philosophie des Laufens

„Wo die Natur nicht will, ist die Arbeit umsonst."
Lucius Seneca

Die Menschen haben schon immer nach Wundermitteln gesucht, um ihr Leben zu verbessern – die alten Griechen waren da keine Ausnahme. Keine andere Sportart war damals für jedermann so einfach zugänglich. Hören Sie auf die alten Griechen: Laufen ist gut für Sie, wenn Sie es mit einem ausgeglichenen Lebenswandel kombinieren.

Die alten Griechen haben die Bedeutung des Laufens schon früh erkannt, was in ihrer Liebe zum Sport und in ihrer Kunst zum Ausdruck kommt: Auf vielen antiken Vasen sind Läufer abgebildet. Die Zeichnungen reflektieren die emotionale und ästhetische Beziehung der Menschen zum Laufen. Wir wissen nicht genau, ob die Künstler die Athleten realitätsnah abbilden, oder ob sie eine ästhetisierte Darstellung schaffen wollten, um die Helden ihrer Spiele zu würdigen.

Unabhängig davon, aus welchen Beweggründen diese Abbildungen entstanden sind, zeichnen sie sich durch große Detailtreue aus. Sie veranschaulichen deutlich die Anstrengungen der Sportler auf verschiedenen Strecken und bei verschiedenen Geschwindigkeiten.

Den Griechen fehlten vielleicht die wissenschaftlichen Erkenntnisse, um diese Bewegungen vollständig zu verstehen, aber sie besaßen eine bewundernswerte Auffassungsgabe, einen wachen Geist und vor allem einen gesunden Menschenverstand. Durch ihre genauen Beobachtungen erkannten sie die harmonische Beziehung zwischen Mensch und Natur: In ihrem ganzheitlichen Ansatz verstanden sie den Menschen immer als einen wichtigen aber mit der Natur verflochtenen Teil der Welt. Es war eine Zeit, in der der Klarheit von Gedanken und Taten ein hoher Wert beigemessen wurde.

Als das goldene Zeitalter der Griechen vorbei war, gerieten diese Werte in Vergessenheit. Das Laufen um des Laufens Willen hatte für lange

Sprinter auf einer antiken griechischen Vase

Zeit seinen Sinn verloren. Erst mit der Wiederbelebung der Olympischen Spiele Ende des 19. Jahrhunderts entdeckte man den Wert dieser elementaren menschlichen Bewegungsform wieder.

Antike Darstellung von Langstreckenläufern

Die Olympischen Spiele und der Boston-Marathon waren zwei populäre Ereignisse, die sich Ende des 19. bzw. Anfang des 20. Jahrhunderts etablierten. Trotzdem dauerte es noch bis in die sechziger Jahre, dass das Laufen die Massen eroberte. Besonders trugen dazu die Erfolge der australischen und neuseeländischen Läufer und die Bücher des berühmten neuseeländischen Trainers Arthur Lydiard bei [1]. In den USA wurde der Laufboom durch den Marathonsieg von Frank Shorter[2] bei den Olympischen Spielen 1972 ausgelöst [2].

Laufen war nicht mehr länger die lästige Pflicht aus der Schulzeit, der man mit dem Erwachsenenalter den Rücken zukehrte. Es wurde zu einem nicht mehr wegzudenkenden Bestandteil eines gesunden Lebensstils. Manche betrachteten es sogar als Allheilmittel für unsere Zivilisationskrankheiten – wie jede große Liebe schien das Laufen zuerst nur Vorteile und keine Nachteile zu haben.

Als das Laufen zum Massensport wurde, eroberte es alle Bereiche der Gesellschaft. Von heute auf morgen wurde es schick, im Alltag Laufschuhe zu tragen. Die Schuhhersteller wurden über Nacht zu Marketinggiganten. Die Startlisten der Läufe in allen großen Städten wurden immer länger – das Laufen begann, fast religiöse Züge anzunehmen.

Nach der anfänglichen Euphorie drängten sich jedoch bald Fragen auf: Wenn Laufen so gut für uns ist, warum gibt es dann so viele verletzte Läufer? Für diejenigen, die auf dem „Sofa sitzen geblieben waren“, kamen die zahlreichen Probleme der Läufer gerade recht. Was könnte es für eine bessere Bestätigung des eigenen Lebenswandels geben: „Gut, dass ich nie mit dem Laufen angefangen habe, jetzt siehst du mal, was du davon hast!“.

In Studien mit ernüchternden Ergebnissen untersuchte man nun die negativen und positiven Effekte des Laufens, aber die Laufbegeisterung der Menschen war nicht unterzukriegen. Ganz im Gegenteil: Die erste Verliebtheit wandelte sich in eine feste Beziehung fürs Leben.

Die Laufbewegung erhielt durch wissenschaftliche und kommerzielle Interessen neue Impulse. Es etablierte sich ein ausgewogeneres Bild, wie das Laufen zusammen mit einem ausgeglichenen Lebenswandel zur Förderung der Gesundheit beitragen kann. Aber die Probleme verschwanden nicht. Man versuchte herauszufinden, wie man das Laufen zu einem effektiven Mittel der Gesundheits- und Fitnessförderung machen könnte. Diese Frage beschäftigte nicht nur die Läufer

2 Frank Shorter, * 1947 in München, war der dominierende US-amerikanische Marathonläufer der 1970er Jahre. Er gewann unter anderem die Goldmedaille bei den Olympischen Spielen 1972 in München.

selbst, sondern auch Trainer, Wissenschaftler und Ärzte. Es war eine Tatsache, dass sich die Zahl der Laufverletzungen im Gleichschritt mit der Popularität des Laufens entwickelte.

In zahlreichen Studien wurden die Gründe für Verletzungen und deren Prävention untersucht. Der größte Teil dieser Diskussion konzentrierte sich auf die Entwicklung neuer Laufschuhe oder Trainingsmethoden. Mit der Zeit wurde jedoch klar, dass man sich mit einem viel zentraleren Thema auseinandersetzen musste: Gibt es eine universell richtige Lauftechnik?

Für einen Außenseiter ist dies vielleicht eine vernünftige und offensichtliche Frage, aber unter Läufern wurde sie heiß diskutiert. Mit gesundem Menschenverstand, den Erfahrungen von Trainern und wissenschaftlichen Erkenntnissen versuchte man, eine Antwort darauf zu finden. Hunderte von Artikeln, Büchern und Dissertationen wurden zu diesem Thema geschrieben. Trotzdem gibt es bis heute keinen Konsens darüber, was die ideale Lauftechnik ausmacht, noch wie man sie lehren kann.

Es kristallisierten sich zwei verschiedene Standpunkte heraus. Das eine Lager glaubte, dass Laufen etwas so Natürliches sei, dass jeder ohne weiteres Zutun richtig läuft. Folgendes Zitat veranschaulicht diese Auffassung: „Durch hunderte und tausende von Trainingskilometern wurde die Bewegung meiner Beine immer besser ..." [3]. Mit anderen Worten: Die richtige Technik entwickelt sich durch genügend Training. Wäre es nicht wunderbar, wenn die ideale Technik mit ein paar Extrakilometern pro Woche von allein kommt?

Ein anderes Lager räumte die Bedeutung einer richtigen Lauftechnik ein, sagte aber paradoxerweise im selben Atemzug: „Es gibt keine wissenschaftlich fundierte Idealtechnik, die für jeden passt, ... die individuellen Voraussetzungen und Anforderungen an jeden Läufer sind zu verschieden. ... Ein guter Trainer sollte ... in der Lage sein, seine Beobachtungen auf eine individuell angepasste Technik zu übertragen" [4]. Mit anderen Worten: Der Trainer muss die ideale Lauftechnik für jeden einzelnen Athleten neu erfinden.

Die Natur kümmert sich nicht darum, wie wir laufen oder wie wir mit ihren Gesetzen umgehen, aber letztendlich müssen wir die Konsequenzen tragen. Deshalb kann ich diesen beiden weit verbreiteten Meinungen nicht zustimmen. Die Natur weist uns mit ihren Prinzipien und Gesetzen den richtigen Weg – nicht nur für das Laufen. Der Mensch ist ein integraler Bestandteil der Natur, seine physiologischen und biomechanischen Grenzen sind durch sie festgelegt.

So ging ich meinen eigenen Weg und studierte die Gesetzmäßigkeiten der Natur, denen wir unterworfen sind. Hier mussten die Prinzipien zu finden sein, die uns den Weg zu einer idealen Lauftechnik weisen – unabhängig von Statur, Alter und Geschlecht.

Die Schwerkraft ist der dominierende Faktor unseres Lebens auf der Erde: Wir kommen unter ihrem Einfluss zur Welt, wachsen auf und sind ihr unser ganzes Leben lang unterworfen. Wir können also am effektivsten innerhalb eines biomechanischen Rahmens arbeiten, der uns durch die Schwerkraft vorgegeben wird; alle unsere Bewegungen finden unter diesem Einfluss statt. Die Schwerkraft ist der Motor unserer Bewegungen und wir sollten so wenig wie möglich gegen sie arbeiten. Respektieren wir diesen Rahmen nicht, so werden unsere Bewegungen ineffizient und es treten Verletzungen auf.

Die entfesselte Kraft der Erdanziehung wird eindrucksvoll in Naturphänomenen und in den menschlichen Bemühungen, ihr zu widerstehen, deutlich. Ein falscher Schritt kann eine Lawine auslösen, die riesige Schneemassen mit 130 km/h und mehr den Berg hinunterdonnern lässt. Umgekehrt können wir beim Start von Raketen erleben, welche gigantischen Mengen an Energie nötig sind, um der Erdanziehung zu entkommen. Stellen Sie sich vor, sie könnten lernen, die Schwerkraft effektiver für ihre Fortbewegung beim Laufen zu nutzen!

Die ideale Lauftechnik macht sich die Schwerkraft so gut wie möglich zunutze. Ein technisch versierter Läufer sollte mit ihr spielen können wie ein Segler mit dem Wind. Ein guter Segler kann den Gegenwind nutzen, um vorwärtszukommen – ein guter Läufer nutzt das Potenzial der Schwerkraft, um mit geringem Aufwand und wenig Belastung für den Körper schnell zu laufen.

[1] Lydiard, A., Gilmour, G., (1962): Run to the Top. Reed Wellington.
[2] Benyo, R. (1983): The Masters of the Marathon. New York, Atheneum.
[3] Clayton, D. (1980): Running to the top. Anderson World, Mountain View, California, S. 63.
[4] Nitro, A. (1987): What is Correct Technique? Track Technique (100), S. 3195-3205.

2. Akt
Die Vorteile

„In meiner Kindheit erkannten die Menschen um mich herum schnell mein Talent für den Sport. Laufen wurde zu einem wichtigen Teil meines Lebens. Es machte mir Freude, gab mir Erfüllung und bescherte mir Erfolge. Ich hatte ein festes Ziel vor Augen und mein Weg schien vorbestimmt ... zumindest bis zu diesem einen Tag, von dem an nichts mehr so sein sollte wie früher.
Eine schwerwiegende Verletzung veränderte die Richtung meines Weges. Ich fiel aus meinen ehrgeizigen Träumen in die bittere Realität. Das war der Anfang einer Odyssee: von Trainern zu Ärzten, von Ärzten zu Physiotherapeuten und wieder zurück – Jahr für Jahr. Ich hatte das Ziel in meinem Leben verloren und niemand schien es mir zurückgeben zu können.
Gibt es vielleicht doch eine Lösung, die ich bisher nicht gefunden habe?“

2. Akt, 1. Kapitel

Verletzungen vermeiden

„Ein Teil der Heilung war schon immer, geheilt werden zu wollen."
Lucius Seneca

Bevor ich Ihnen das Laufen mit der Pose-Methode im Detail vorstelle, möchte ich Ihnen zeigen, wie es alle Faktoren positiv beeinflusst, die Ihre Leistung limitieren: Technik, persönliche Grenzen und Verletzungen. Kontinuität ist die wichtigste Komponente jedes Trainings und Verletzungen sind ihr größter Feind.

Fast jeder Läufer ist früher oder später einmal selbst betroffen: Ermüdungsbrüche, Knieschmerzen, gereizte Achillessehnen, Rückenprobleme und Fußschmerzen hängen als Damoklesschwert über jedem Läufer. Interessanterweise hat sich die Zahl der Verletzungen seit den 70er Jahren bis heute kaum verändert, obwohl viel Zeit und Geld in die Entwicklung neuer Laufschuhe und besserer Trainingspläne investiert wurden.

Überall in der Literatur tauchen dieselben traurigen Statistiken auf. Im Jahr 1977 ergab eine Umfrage der Zeitschrift „Runner's World", dass jedes Jahr zwei von drei Läufern verletzt sind, sodass das Training reduziert oder sogar unterbrochen werden muss [1]. Auch 20 Jahre später hat sich nicht viel an der Situation geändert, wie man in „Running Injuries" von Gary Guten nachlesen kann [2]. Von geschätzten 34 Millionen Läufern in den USA sind jedes Jahr etwa 22 Millionen von Laufverletzungen betroffen und viele davon laufen für ihre Gesundheit. Eine große Metastudie aus dem Jahr 1992 stellte fest, dass die jährliche Verletzungsrate bei Freizeitläufern, die regelmäßig trainieren und an Langstreckenläufen teilnehmen, zwischen 37 % und 56 % liegt [3]. Das sind alarmierende Zahlen.

Die Anzahl und die Häufigkeit der Verletzungen sind über die Zeit ziemlich konstant geblieben, aber sie verlagerten sich allmählich von den Füßen und Waden in den 70er Jahren hin zu den Schienbeinen und Knien in den 90ern [4, 5].

Als Ursachen werden gemeinhin folgende Faktoren genannt: falsche Laufschuhe, ein zu harter Untergrund, schlechte körperliche Voraussetzungen und eine zu schnelle Steigerung des Trainingsumfangs bzw. der Trainingsintensität [2]. Aber all diese Faktoren treffen meiner Meinung nach nicht den Kern des Problems, weil sie sich nur mit externen Bedingungen und nicht mit der Laufbewegung selbst beschäftigen.

Ein erfahrener Tennistrainer zum Beispiel erkennt schnell einen Fehler in der Aufschlagtechnik seines Schülers. Er wird diesen korrigieren, um künftige Schulterprobleme zu verhindern. Die meisten Hobbyläufer dagegen werden nie von einem Trainer angesehen. Und selbst wenn, so sind doch die Korrekturen wegen des fehlenden Standards in der Lauftechnik ein Zufallsprodukt aus persönlichen Vorlieben und Erfahrungen.

In der wissenschaftlichen Auseinandersetzung über das Laufen existieren kaum Ansätze, die einen Zusammenhang zwischen Lauftechnik und Verletzungen herstellen. Die gesamte Aufmerksamkeit gilt den externen Faktoren und der Trainingsgestaltung. Niemand ist bereit, die Lauftechnik selbst ins Zentrum zu rücken.

All das führt zu der paradoxen Situation, der wir heute gegenüberstehen: Es gibt viele wissenschaftliche Untersuchungen über das Laufen, die Laufschuhe werden mit hohem Aufwand weiterentwickelt und der durchschnittliche Läufer hat mehr Informationen über Trainingmethodik zur Verfügung als jemals zuvor. Trotzdem hat sich die Zahl der verletzten Läufer nicht verändert! Zeigt diese Tatsache nicht, dass das eigentliche Problem bis heute übersehen wurde?

Schon der gesunde Menschenverstand legt nahe, dass die Art und Weise, wie wir uns bewegen, nicht nur einen unmittelbaren Einfluss auf die Leistung, sondern auch auf das Verletzungsrisiko hat. Eine Studie von Prof. Noakes und seinen Kollegen aus dem Jahr 2004 hat gezeigt, dass die exzentrische Arbeit im Kniegelenk mit der Pose-Methode um 50% reduziert und damit die Belastung der Knie im Vergleich zum Fersen- und Mittelfußlauf beträchtlich gesenkt wird [6].

Der menschliche Körper ist ein kleines Wunderwerk, das den Herausforderungen einer breiten Palette von Bewegungen gewachsen ist. Das funktioniert jedoch nur solange, wie alle Systeme des Körpers perfekt zusammenarbeiten und die Bewegung unterstützen. Es reicht bereits eine kleine Schlagseite im System, um den ganzen Körper aus dem Gleichgewicht zu bringen – Verletzungen sind die unausweichliche Folge. Das „Wunderwerk Mensch" ist aus dem Takt geraten und reagiert mit Schmerzen.

Egal ob wir die Muskeln, das Herz, die Atmung oder die Psyche trainieren wollen, es geht immer um die Ausführung einer einfachen, sich wiederholenden Bewegung. Ob es sich dabei um das Training für eine einzelne Bewegung wie den Hochsprung oder für eine zyklische Bewegung wie das Laufen handelt, spielt keine große Rolle. Letztendlich ist das Ziel immer das Gleiche: ein hohes Maß an Bewegungskunst zu erreichen.

Um verletzungsfrei und effizient zu laufen, müssen wir bewusst mit den Ressourcen unseres Körpers umgehen. Werden wir dabei nachlässig und gerät die Lauftechnik aus den Fugen, müssen wir mehr Energie für die gleiche Laufgeschwindigkeit aufwenden und das Verletzungsrisiko steigt.

Wenn wir Laufen als eine technische Sportart betrachten, die genau wie das Springen, Werfen oder Tanzen gelernt werden will, ist es offensichtlich, dass den meisten Menschen nicht die ideale Lauftechnik in die Wiege gelegt wurde. Laufen ist keine angeborene, sondern eine lernbare Fertigkeit. Es liegt an uns, ob wir es mehr schlecht als recht machen oder es perfektionieren.

[1] Krissoff, W.B, Ferris, W.D. (1979): Runner's Injuries. Physician Sports Med. (7), S. 55-64.
[2] Guten, N. G. (Hrsg.) (1997): Running Injuries. W.B. Saunders Company, Philadelphia, S. 61-65.
[3] Van Mechelen, W. (1992): Running injuries: A review of the epidemiological literature. Sports Medicine, Vol. 14(5), S. 320-335.
[4] MacIntyre, S.G. et al (1991): Running Injuries: a clinical study of 4173 cases. Clinical Journal of Sports Medicine, New York, Vol. 2, S. 81-87.
[5] James, S.L., Jones, D.C.; Cavanagh, P. (Hrsg.) (1990): Biomechanical Aspects of Distance Running. Human Kinetics, Champaign, IL, S. 249-269.
[6] Arendse, R.E., Noakes, T.D., Azevedeo, L.B., Romanov, N., Schwellnus, M.P., Fletcher, G. (2004): Reduced Eccentric Loading of the Knee with the Pose Running Method. Med. Sci. Sports Exerc., Vol. 36(2), S. 272-277.

2. Akt, 2. Kapitel

Leistung steigern

„Die Welt hasst Veränderungen, obwohl es ohne sie keinen Fortschritt gibt."
Charles F. Kettering

Mit der Pose-Methode haben Sie ein mächtiges Werkzeug an der Hand, das Ihnen auf allen Distanzen helfen kann, nicht nur verletzungsfrei, sondern auch schneller zu laufen. Natürlich geschieht das nicht über Nacht. Es hängt ganz von Ihnen ab, mit wie viel Geduld und Hingabe Sie die Pose-Methode erlernen und sie zu Ihrer Laufphilosophie machen.

Wenn Sie bereits Lauferfahrung mitbringen, müssen Sie zunächst die Angst und das Unbehagen überwinden, Ihren Laufstil zu ändern, besonders wenn er sich für sie völlig „natürlich" anfühlt. Auch wenn Sie häufig mit Verletzungen kämpfen, ist die Versuchung groß, alle guten Vorsätze über Bord zu werfen, sobald die Schmerzen verschwunden sind.

Das Problem ist, dass sich Ihre Leistungen auf diese Weise nicht wesentlich verbessern werden. Wenn Sie Ihre Leistungsgrenzen wirklich durchbrechen wollen, werden Sie sich mit größeren Veränderungen anfreunden müssen. Der Golfspieler Tiger Woods zum Beispiel hat vorgelebt, wie sich der Mut zu Veränderungen auszahlen kann.

Im Jahr 1977 eroberte er die Golfwelt im Sturm. Jung und voller Energie hatte er dreimal hintereinander die amerikanischen Amateurmeisterschaften gewonnen. Als er in das Profilager wechselte, gewann er zwei seiner ersten sieben Turniere und ließ beim „Masters Tournament" alle anderen hinter sich – mit neuen Rekorden.

Die Medien und seine Gegner prophezeiten ihm für die nächsten 20 Jahre eine dominierende Rolle im Golfsport. Er selbst kam jedoch zu einer ganz anderen Überzeugung: Er stellte fest, dass ihm die Grundlagen fehlten, um sein Niveau über lange Zeit halten zu können. Er verließ sich in seinem Spiel zu sehr auf seine Schnelligkeit und seine Reflexe; beides Fähigkeiten, die sich mit zunehmendem Alter verschlechtern würden.

Anstatt seine Erfolgssträhne auszukosten, kürzte er seinen Turnierplan radikal zusammen, ging zu seinem Lehrer zurück und baute sein Spiel neu auf; ein bemerkenswerter Schritt für jemanden in seiner Situation. Es dauerte nicht lange, bis sich die ersten Zweifler meldeten, ob Tiger Woods jemals wieder die Dominanz erreichen würde, mit der er den Sport erobert hatte.

Während der nächsten 18 Monate fand er, wie von ihm vorausgesagt, zu seinem Spiel zurück. Im Sommer 1999 gewann er fünf Turniere hintereinander. Er brachte damit die Bestmarke von Golflegende Byron Nelson in Gefahr. Um den Schritt zu tun, den Tiger getan hat, braucht es enorm viel Selbstbewusstsein und Mut. Er hat allen Zweiflern gezeigt, dass sich der Mut zu Veränderungen auszahlt.

Seine späteren Erfolge bestätigten den Weg, den er 1997 eingeschlagen hat. Sein größter Erfolg war der legendäre „Tiger-Slam“, als er die vier größten Golfturniere der Welt nacheinander gewann. Diese Geschichte veranschaulicht die Notwendigkeit struktureller Veränderungen, wenn Sie Ihre Leistung auf die nächste Stufe bringen wollen.

Natürlich können Sie auch mit einer schlechten Lauftechnik schneller werden – ein Läufer mit perfekter Technik ist nicht immer schneller als ein Läufer mit schlechter Technik. Sie ist nur eine Komponente unter vielen, die das Ergebnis bestimmen. Aber Ihre Lauftechnik steckt die Grenzen der Leistung ab, die Sie im Rahmen Ihrer physischen Möglichkeiten erreichen können. Mit einer schlechten Lauftechnik werden Sie irgendwann nicht mehr weiterkommen, Sie können einfach nicht noch mehr oder noch härter trainieren. Nur indem Sie an Ihrer Technik arbeiten, können Sie weiter Fortschritte machen und Ihr Potenzial ausschöpfen. Dazu kommt, dass eine schlechte Technik das Risiko für Verletzungen erhöht, die Ihren Trainingsplan über den Haufen werfen.

Indem Sie Ihre Lauftechnik immer weiter verbessern, können Sie solchen unfreiwilligen Unterbrechungen aus dem Weg gehen und Ihre Leistungsgrenze nach oben hinausschieben.

2. Akt, 3. Kapitel

Freiheit gewinnen

„Freiheit ist kein Recht, sie ist eine Pflicht."
N. Berdjajev

Freiheit? Es mag Ihnen zuerst etwas seltsam vorkommen, im Zusammenhang mit Verletzungen und Lauftechnik über Freiheit zu sprechen. Doch unsere Freiheit zu laufen wird ständig durch unser tägliches Leben beschränkt. Wie viele von uns haben die psychische Freiheit, so zu laufen, wie sie gerne möchten? Leider sind es nur sehr wenige.

Die psychische Freiheit, auf einem höheren Niveau zu laufen, steckt in jedem von uns, jedoch haben wir die Angewohnheit, uns stark einzuschränken. Sie mögen sich sagen „Die 10 Kilometer kann ich nicht unter 40 Minuten laufen", oder „Ich brauche kein Intervalltraining". Damit gestalten Sie Ihre Erwartungen an sich selbst sehr komfortabel, doch gleichzeitig schränken Sie sich damit ein. Sie haben eine Entscheidung getroffen – gegen Ihre Möglichkeiten.

In den komfortablen Grenzen, die Sie sich gesteckt haben, können Sie Ihre Erwartungen erfüllen: Da die 10 Kilometer für Sie nicht unter 40 Minuten zu machen sind, sind Sie mit einer Zeit von 40:30 sehr zufrieden – Sie haben schließlich Ihre Möglichkeiten fast ausgeschöpft. Indem Sie Intervalltraining vermeiden, fühlen Sie sich beim Laufen immer gut und verlassen nie Ihre Komfortzone. Trotzdem wissen Sie tief im Inneren, dass Sie es besser machen könnten.

Natürlich werden wir in Bezug auf das Laufen nie vollkommen frei sein. Jeder von uns ist den Beschränkungen des Alltags unterworfen, sie definieren die Grenzen unserer Leistungsfähigkeit.

Im täglichen Leben bedeutet psychische Freiheit, den Einfluss dieser allgegenwärtigen Beschränkungen so zu gestalten, dass Sie das Beste für sich erreichen können. Dazu müssen Sie kontinuierlich an Ihrer mentalen und psychischen Einstellung zum Laufen arbeiten.

Als Erstes sollten Sie die Gründe für Ihre persönlichen Grenzen erkunden. Warum laufen Sie eigentlich? Was ist Ihre Motivation oder was hindert Sie daran? Wie bringen Sie es mit dem Familienleben in Einklang? Warum stellen Sie sich bei Wettkämpfen an die Startlinie? Ihre persönlichen Grenzen können aktuelle oder weit zurückliegende Gründe haben.

Auf der körperlichen Seite fühlen Sie sich vielleicht zu schwer zum Laufen oder haben Angst, dass ihre Knie die Last nicht aushalten werden. Vielleicht ist es Ihnen im Sommer zu heiß und im Winter zu kalt, und schöne Laufstrecken haben Sie auch nicht vor der Haustür.

In all diesen Fällen ist Wissen der Schlüssel, um diese Grenzen zu überwinden. Genaues Wissen über Ihr soziales Umfeld ermöglicht Ihnen, den Sport mit dem Familienleben zu vereinbaren. Das Wissen über die richtige Kleidung, Ernährung und Erholung erlaubt es Ihnen, bei allen Bedingungen zu laufen. Das Wissen über ihre nähere Umgebung und Ihre Heimatstadt hilft Ihnen dabei, geeignete Trainingsstrecken zu finden.

Am allerwichtigsten ist aber das Wissen über die ideale Lauftechnik. Sie gibt Ihnen die Freiheit beim Laufen zurück. Wenn Sie Ihren Körper kennen und wissen, wie man läuft, müssen Sie keine Angst vor Übertraining und Verletzungen haben. Genießen Sie die Freiheit, lange Distanzen und schnelle Intervalle zu laufen – schneller als Sie es jemals für möglich gehalten haben.

Um Ihre Bestzeiten zu übertreffen, müssen Sie die psychische Freiheit haben, Ihre Grenzen zu überwinden. Die Grundlage hierfür ist die ideale Lauftechnik. Aus dem Wissen, wie Sie laufen, schöpfen Sie Selbstvertrauen, um Ihre Beschränkungen abzulegen und Ihr ganzes Potenzial zu nutzen.

Wenn Sie Ihre Kraft, Schnelligkeit, Ausdauer, Flexibilität und Koordination verbessern, werden Sie auch mental viel stärker. So werden Sie die Angst vor langen und schnellen Läufen verlieren und die Freiheit haben, das zu tun, was Sie auf das nächste Leistungsniveau bringt. Anstatt sich vor dem Schmerz hoher Anstrengungen zu fürchten, werden Sie mit Ihrer neuen Einstellung die Erfahrung genießen, schnell und weit laufen zu können.

Mit diesem Wissen und dieser Freiheit können Sie Ihre Bestleistungen übertreffen, ohne sich dabei von Ihrem Unterbewusstsein ein Bein stellen zu lassen. Es wird immer noch weh tun, aber Sie werden den momentanen Schmerz der Anstrengung vergessen und durch die Befriedigung über Ihre Leistung belohnt.

Bitte bedenken Sie immer, dass ich hier nicht über Quantensprünge rede, die wundersam über Nacht geschehen. Es ist ein allmählicher Prozess, der nur mit Durchhaltevermögen, Geduld, Konzentration und Lernbereitschaft zum Ziel führen wird. Aber wenn Sie die Pose-Methode Schritt für Schritt erlernen, werden sich mit der Zeit alle Teile wie bei einem Puzzle zusammensetzen.

3. Akt
Der Lernprozess

„Ich hatte die Hoffnung schon längst aufgegeben, jemals wieder so laufen zu können wie früher, als ich auf Pose aufmerksam wurde. Ich war skeptisch und enthusiastisch zugleich – was hatte ich auch zu verlieren?
Das war der Beginn eines neuen Abenteuers in meinem Leben: Von vorn beginnen, Altes vergessen, die Rolle des Schülers annehmen und das lernen, was ich glaubte, schon gemeistert zu haben. Mir gehen eine Menge Fragen durch den Kopf. Wie soll ich beginnen? Und in welche Richtung soll ich gehen?"

3. Akt, 1. Kapitel

Die Kunst des Laufens

„Übung macht den Meister."
Sprichwort

Laufen scheint für den Menschen viel natürlicher zu sein als Kunstformen wie zum Beispiel das Klavierspiel oder das Ballett. Laufen kann jeder, Klavierspielen oder Balletttanzen müssen wir erlernen.

Genau das ist aber das größte Hindernis auf dem Weg, das Laufen richtig zu lernen. Wir alle sind mit dem Krabbeln, Gehen und Laufen aufgewachsen. Laufen ist zweifelsohne die schnellste dieser Fortbewegungsarten – so gesehen können wir alle Laufen. Im Gegensatz dazu kann vielleicht jeder auf den Klaviertasten herumklimpern, aber das Ergebnis hat mit Musik nicht viel zu tun. Das Gleiche gilt für das Tanzen. Die Unterschiede zum Laufen sind offensichtlich.

Die jedem Menschen naturgegebene Fähigkeit zu laufen verschleiert die Tatsache, dass es auch hierbei ein besonderes Talent dazu gibt, richtig zu laufen. Tatsächlich ist es eine Fertigkeit wie jede andere Bewegung auch, die trainiert und perfektioniert werden kann. Laufen ist mehr als nur eine Abfolge von richtig ausgeführten Bewegungen. Es ist wie das Klavierspielen oder das Balletttanzen Ausdruck unserer anatomischen, physiologischen, psychoemotionalen, mentalen und spirituellen Verfassung.

Der Begriff „Technik" hat seinen Ursprung im griechischen Wort „Techne", das soviel wie Kunst oder Können bedeutet. Die Technik einer Bewegung ist also das Können oder die Kunst, die Bewegung auszuführen. Sie existiert nie im luftleeren Raum, sondern trägt als menschliche Handlung alles in sich, was das Menschsein ausmacht.

Wir erlernen im Laufe unseres Lebens viele Bewegungen, die wir unter normalen Umständen, ohne auch nur einen Gedanken an sie zu verschwenden, abrufen können. Diese Leichtigkeit ist jedoch sehr sensibel gegenüber äußeren Einflüssen. Denken Sie nur an Ihre Unterschrift: Viele Menschen versehen sie mit einer gewissen künstlerischen Note und können diese völlig automatisch reproduzieren. Wenn Sie jedoch ein besonders wichtiges Dokument unterschreiben sollen, zum Beispiel einen großen Kreditvertrag oder eine Heiratsurkunde, spielen Ihnen die Emotionen einen Streich und machen die Unterschrift zu einer Zitterpartie. Ein Pianist kann in jeder Probe perfekt spielen und in der Aufführung Fehler machen; ein Basketballspieler kann 100 Freiwürfe hintereinander versenken, aber den einen, mit dem er die Meisterschaft entscheiden könnte, vergeben; ein Eiskunstläufer kann seine

Choreografie im Training perfekt beherrschen und im olympischen Wettkampf versagen.

All diese Beispiele sollen Ihnen veranschaulichen, dass die Beherrschung einer Bewegung – einer Technik – mehr ist als das stupide Wiederholen eines auswendig gelernten Bewegungsmusters. Viel mehr drücken wir durch die Bewegung all das aus, was uns als Menschen ausmacht. Der Pianist betätigt nicht nur die Tasten, die Beherrschung der Technik erlaubt es ihm, sein eigenes Verständnis der Musik und das des Komponisten auszudrücken.

Laufen ist zwar auf den ersten Blick keine so kreative Tätigkeit wie das Klavierspielen, dennoch ist es auch ein Weg des Menschen, sich auszudrücken, und erfordert eine perfekte Technik jenseits der mechanischen Bewegungen. Genau wie das Tanzen hat das Laufen seinen eigenen Rhythmus und seine eigene Schönheit und geht damit weit über die bloße Bewegung der Beine hinaus. Es bekommt eine künstlerische Dimension.

3. Akt, 2. Kapitel

Denken ... Sehen ... Fühlen

„All unser Wissen hat seinen Ursprung in unserer Wahrnehmung."
Leonardo da Vinci

Menschen lernen auf ganz unterschiedliche Weise: Manche lernen besser über das intellektuelle Verständnis, andere dagegen durch Visualisierung, praktisches Ausprobieren oder Erfühlen der Bewegung. Jeder von uns greift auf alle diese unterschiedlichen Wege zurück, aber jeder setzt dabei andere Prioritäten. Egal, welcher Lerntyp Sie sind, die Herausforderung bleibt die gleiche: Sie müssen das Konzept der Pose-Methode in die Praxis umsetzen und dafür ein hohes Maß an Bewusstsein für alle Facetten der Laufbewegung entwickeln.

Das Bewegungslernen findet in der Praxis hauptsächlich durch eine ganze Reihe spezieller Übungen statt. Genauso wichtig ist aber, dass die ideale Lauftechnik ein Teil Ihrer Gedanken, Bilder und Gefühle wird. Sie sollten wissen, verstehen und fühlen, was Sie tun sollten, warum Sie es tun sollten und letztendlich, wie Sie es tun sollten.

Ich will ehrlich zu Ihnen sein – das wird nicht einfach werden.

Für den intellektuellen Lerntyp werde ich die Logik erklären, durch die sich die Teile zu einem Ganzen verknüpfen. In einer Art Bedienungsanleitung für das Laufen wird jeder Schritt genau erklärt und mit wissenschaftlichen Erklärungen untermauert. Den visuellen Lernern werde ich die Bewegungsvorstellung mit geeigneten Bildern verdeutlichen. Denen, die die Bewegung am besten gefühlsmäßig erfassen, werde ich die Sinneseindrücke auf anschaulich sinnliche Weise beschreiben: in Bezug auf Raum, Zeit, Balance und Muskelspannung.

Wie gut Ihr Gefühl für Zeit, Raum und Balance ist, können Sie mit den folgenden kleinen Experimenten testen. Für den ersten Versuch brauchen Sie nur eine Stoppuhr: Versuchen Sie, sie blind nach fünf Sekunden anzuhalten. Wie genau schaffen Sie das?

Für das nächste Experiment brauchen Sie einen Partner: Schließen Sie Ihre Augen und bitten Sie die zweite Person, ihre Fingerspitzen locker auf Ihren Arm zu legen. Versuchen Sie zu spüren, wie viele Finger auf Ihrem Arm liegen. Ihre Antworten werden Sie beide erstaunen. Als Letztes können Sie noch Folgendes versuchen: Begeben Sie sich in eine Position, wie in Übung 2 aus dem 1. Kapitel des fünften Aktes dargestellt, und versuchen Sie das Gleichgewicht zu halten – vielleicht sogar mit geschlossenen Augen. Gar nicht so einfach, nicht wahr?

Mit diesen Experimenten will ich Ihnen demonstrieren, dass wir alle mit unterschiedlich guten Fähigkeiten ausgestattet sind, Unterschiede in Zeit, Raum und Balance wahrzunehmen. Aus diesem Grund bringt auch jeder Mensch andere Voraussetzungen mit, um eine neue Fertigkeit wie die ideale Lauftechnik zu erlernen.

Genau wie ein Musiker, der sich eine außergewöhnlich gute Wahrnehmung für den Klang und den Rhythmus erarbeitet hat, müssen Sie als Läufer ein ebenso hohes Maß an Bewusstsein für Ihre Bewegungen entwickeln. Wir nehmen unseren Körper meist nur sehr selektiv und diffus wahr. Die meisten Läufer achten nur auf zwei Dinge: die Geschwindigkeit und die Anstrengung. Ansonsten sind ihre Gedanken irgendwo anders.

Sie müssen Ihre Wahrnehmung schulen, um sich auf spezifische Details der Bewegung konzentrieren zu können. Das ist der einzige Weg, um uns unserer Bewegungen bewusst zu werden. Schärfen Sie Ihre Sinne, fokussieren Sie sie auf das Wesentliche und lassen Sie alles andere außen vor. So können Sie die Aufmerksamkeit für Ihre Bewegungen erhöhen.

Mit dem Lauftraining schulen Sie die Wahrnehmung Ihrer Bewegung. Dieser Prozess sollte nach einigen Richtlinien strukturiert werden, die Sie am Ende dieses Aktes kennenlernen werden.

3. Akt, 3. Kapitel

Der beste Zeitpunkt

„Zum Lernen ist es nie zu spät!"
Sprichwort

Das Erlernen von Pose ist für die meisten Läufer eine große Umstellung, unabhängig von Erfahrung und Können. Der wöchentliche Kilometerumfang und regelmäßige Wettkämpfe sind für viele Läufer sehr wichtig; Sie könnten schnell in Versuchung geraten, die Technik zu vergessen, um einen langen Lauf oder ein Rennen zu absolvieren. Daher ist es immer am einfachsten, wenn Sie mit der Umstellung auf Pose beginnen, wenn Ihre eigenen Ansprüche an Ihre Leistung am geringsten sind.

Ihr Laufstil hat sich durch millionenfache Wiederholung tief eingeprägt. Die alte Weisheit „Fahrrad fahren verlernt man nie" trifft auch auf das Laufen zu. Auch wenn sich Ihr Laufstil ohne gezielte Anleitung entwickelt hat, ist er nun ein Teil von Ihnen geworden, so einzigartig wie Ihre Unterschrift.

Wenn Sie versuchen, diesen Stil zu ändern, müssen Sie sich im Klaren darüber sein, dass jeder besonders harte oder lange Lauf wieder Ihre alten Bewegungsmuster auf den Plan ruft. Je müder Sie werden, desto stärker wird dieser Effekt. Wenn Sie weiter laufen, wird Ihre Gewohnheit siegen. Das steht im Konflikt zu Ihren Bemühungen, Pose als neue Lauftechnik zu erlernen.

Für viele Läufer ist das schwierig zu akzeptieren. Besonders Sportler, die in Wettkämpfen aktiv sind, haben Angst davor, ihre Kondition zu verlieren, wenn sie nicht das gewohnte wöchentliche Kilometerpensum absolvieren. Aber diese Angst ist unbegründet. Zuerst sollte man sich fragen, was physische Kondition überhaupt ist. Wir wissen aus der Forschung, dass die maximale Sauerstoffaufnahmefähigkeit in 8-12 Wochen entwickelt werden kann und danach auf dem gleichen Niveau bleibt [1]. Die Geschichten von Athleten, die nach einer langen Verletzungspause mit nur wenigen Monaten Training neue persönliche Bestleistungen aufgestellt oder wichtige Wettkämpfe gewonnen haben, sind zahlreich und allseits bekannt.

Der zweite Grund gegen die Angst vor dem Konditionsverlust ist folgender: Viele Athleten, die häufig trainieren, akzeptieren wie selbstverständlich die große Gefahr, sich zu verletzen und medizinische Behandlungen oder sogar Operationen über sich ergehen zu lassen [2]. Viele Wochen der Rehabilitation, in denen sie nicht laufen können, werden hingenommen. Die Sportler nennen es Pech oder Teil des Spiels.

Zu guter letzt sind die Übungen und die vielen kurzen Läufe, die Sie auf dem Weg zur Pose-Methode absolvieren werden, ein gutes physisches

Training. Ihre Kraft und Ihre Schnelligkeit werden sich verbessern und damit wird die Grundlage gelegt, mit der Sie später Ihr Potenzial ausspielen können. Gleichzeitig legen Sie den Grundstein, um Verletzungen künftig aus dem Weg zu gehen.

[1] Wilmore, J.H.; Costill, D.L. (1994): Physiology of Sport and Exercise. Human Kinetics, S. 110-111.

[2] Van Mechelen, W. (1992): Running injuries: A review of the epidemiological literature. Sports Medicine, Vol. 14(5), S. 320-335.

3. Akt, 4. Kapitel

Ein Leitfaden zum Lernen der Pose-Methode

„Lernen ist wie Rudern gegen den Strom. Sobald man aufhört, treibt man zurück."
Laotse

Sie werden auf Ihrem Weg zur Pose-Methode immer wieder mit einem Paradoxon konfrontiert werden, das in der Natur des Menschen liegt: Pose ist an sich sehr einfach, doch unser bewusster Geist macht es oft sehr kompliziert. Unsere Selbstreflektion, unsere Zweifel und unsere Ängste können uns viele Stolpersteine in den Weg legen. Sie sollten auf diesem Weg einige Regeln beherzigen, um diesen Hindernissen möglichst aus dem Weg zu gehen.

I. Zuerst müssen Sie die Philosophie der Pose-Methode verstehen: Laufen ist eine Fertigkeit, die Sie lernen müssen – in der Theorie wie in der Praxis. Es ist eine lebenslange Aufgabe, die Pose-Methode zu lernen und nichts, was von heute auf morgen geschieht. Dieser Lernprozess erfordert Ihr Engagement und Ihre Geduld. Leider zeigt die Praxis, dass sich viele Leute nach einer Präsentation oder einer Pose-Stunde überschätzen und sogar versuchen, die Pose-Methode ihren Athleten beizubringen. Denken Sie nur mal an eine relativ einfache Tätigkeit wie das Autofahren. Stellen Sie sich vor, Sie haben noch niemals hinter dem Steuer gesessen, und jemand erklärt Ihnen fünf Minuten, wie es theoretisch funktioniert. Damit werden Sie nicht sehr weit kommen – genauso ist es bei der Pose-Methode.

II. Nutzen Sie alle zur Verfügung stehenden Mittel, um die Pose-Methode intellektuell zu verstehen: Studieren Sie dieses Buch und besuchen Sie die Webseite www.posetech.com/europe mit ihren vielen Artikeln und dem Forum, wo Sie Antworten auf Ihre Fragen bekommen werden. Viele Läufer, die wahrscheinlich die gleichen Schwierigkeiten wie Sie durchlebt haben, können Ihnen hier mit Rat und Tat zur Seite stehen.

III. Nehmen Sie an einem Pose-Kurs teil oder arbeiten Sie mit einem Pose-Coach zusammen, wenn Sie die Möglichkeit dazu haben. Das ist der effizienteste Weg, um Pose richtig zu lernen. Im Gegensatz zum herkömmlichen Training, wo Ihnen Strecken, Geschwindigkeiten und Herzfrequenzen vorgegeben werden, vermitteln wir Ihnen die ideale Lauftechnik.

IV. Hören Sie vollständig mit Ihrem gewohnten Lauftraining auf. Konzentrieren Sie sich auf die Pose-Laufübungen, die Sie im weiteren Verlauf dieses Buches kennen lernen werden und die Ihnen Ihr Pose-Coach zeigt. Ihr Training besteht zunächst aus diesen Übungen, gefolgt von kurzen Läufen bis zu 30 Metern, die Sie immer wieder mit kontrollierter Technik ausführen können. Ihre Wahrnehmung für die ideale Lauftechnik wird durch diese Übungen geschult. Starten Sie nicht zu längeren Läufen, wenn Sie Ihre Technik nicht kontrollieren können. In dieser Phase ist es sehr wichtig, präzise in den Bewegungen zu sein. Wenn Sie die Koordination verlieren, die die Elemente der Pose-Methode zusammenhält, müssen Sie aufhören, sich ausruhen und Ihre Gedanken sammeln. Dann können Sie es noch einmal probieren. Erwarten Sie nicht, morgen Ihr bestes Rennen zu laufen, wenn Sie heute mit Pose begonnen haben. Geben Sie sich Zeit und lernen Sie mit einem offenen Geist. Pose ist keine Zauberformel. Ihr Erfolg hängt wie bei jeder neuen Fertigkeit, die Sie erlernen, von Ihren persönlichen Voraussetzungen und Ihrer Hingabe ab.

V. Verbessern Sie Ihre Beweglichkeit und Ihre Kraft mit den Übungen aus dem fünften Akt, um die ideale Lauftechnik über immer längere Strecken beibehalten zu können. Spezifische Übungen verbessern Ihre Flexibilität und Muskelelastizität, entwickeln die spezifischen Kraftvoraussetzungen und trainieren Ihren ganzen Körper, um schneller und schneller, weiter und weiter laufen zu können.

VI. Besprechen Sie Fragen, Schwierigkeiten oder Probleme, die in Ihrem Lernprozess auftreten, mit Ihrem Pose-Coach oder nutzen Sie das Forum auf der Webseite www.posetech.com/europe, um sich mit Gleichgesinnten darüber auszutauschen.

Wenn Sie keine Möglichkeit dazu haben, mit einem Pose-Coach zu arbeiten, dann bleibt Ihnen nichts anderes übrig, als selbst eine Doppelrolle zu spielen: die des Lehrers und des Schülers. In diesem Fall sollten Sie den Anweisungen in diesem Buch folgen und sich möglichst regelmäßig auf Video aufnehmen, um ein gutes Bild Ihrer Technik zu bekommen. Sie können diese kurzen Videos auch auf die Pose-Webseite stellen oder Sie einem Pose-Coach schicken, um eine Rückmeldung über Ihre Fortschritte zu bekommen.

Wenn Sie sich entscheiden, Ihren eigenen Weg zu gehen und diese Richtlinien außen vor zu lassen, gehen Sie das Risiko ein, sich zu verletzen und Ihre Ziele zu verfehlen. Folgen Sie dagegen diesem Leitfaden, können Sie Ihre Ziele mit Pose verwirklichen.

4. Akt
Die Theorie

„Um ehrlich zu sein: Ich habe mit allem gerechnet, aber nicht damit – ich fühle mich in meine Schulzeit zurückversetzt. Ich lese Bücher, höre meinem Lehrer zu und lerne jeden Tag neue Dinge. Warum musste ich erst durch diesen Albtraum gehen, um all das zu lernen? Früher dachte ich, schon alles über das Laufen zu wissen. Doch wenn ich jetzt näher hinschaue, eröffnen sich völlig neue Sichtweisen und Erkenntnisse, die mein Training in ein neues Licht rücken. Zweifel werden zu Wissen, Unsicherheit wird zu Sicherheit ..."

4. Akt, 1. Kapitel

Grundlagen

„Sich alles gleichzumachen, ist ein großes Prinzip der Natur. Nur verschlingt die größre Kraft die andre."

Johann Wolfgang von Goethe

Bevor ich Ihnen die Theorie des Laufens mit der Pose-Methode vorstelle, möchte ich Ihnen zuerst einige grundlegende Prinzipien der Interaktion zwischen Mensch und Natur erläutern. Welche Kräfte sind daran beteiligt? Wo kommen sie her und wie können wir sie nutzen?

Wenn wir über Kräfte beim Laufen sprechen, kommen Ihnen wahrscheinlich als erstes die Muskeln in den Sinn. Sie spielen zweifelsohne eine wichtige Rolle in der Interaktion zwischen Mensch und Natur, aber allein sind sie machtlos, da sie nur ein Element dieses Systems darstellen. Was sind also die anderen Elemente?

Unser Leben auf der Erde wird von einer Kraft dominiert, die so allgegenwärtig ist, dass wir sie und ihren Einfluss auf unser Leben oft vergessen: der Schwerkraft. Die Schwerkraft zieht jeden Körper mit einer Beschleunigung von $g = 9{,}81\ m/s^2$ in Richtung Erdmittelpunkt, unabhängig von Form oder Masse. Sie arbeitet für alle gleich, egal ob jung oder alt, Mann oder Frau, schlank oder kräftig.

Wenn wir uns mit der Schwerkraft beschäftigen, kommen wir nicht umhin, uns auch mit den Begriffen Gewicht und Masse auseinanderzusetzen. In unserer Alltagssprache werfen wir diese beiden Dinge oft wild durcheinander, aber physikalisch gesehen müssen wir sie voneinander unterscheiden.

Die Masse ist eine universelle Eigenschaft jedes Körpers, überall und jederzeit. Sie ist nicht an unsere Existenz auf der Erde bzw. an das Schwerefeld der Erde gebunden. Astronauten im Weltall haben immer noch die gleiche Körpermasse wie hier auf der Erde, aber sie haben kein Körpergewicht mehr. Aus der Physik wissen wir, dass das Körpergewicht in Newton gemessen wird, es berechnet sich aus Körpermasse mal Beschleunigung der Schwerkraft: $F_g = m \cdot g$. Im Weltall existiert diese Beschleunigung jedoch nicht: wir verlieren unser Körpergewicht.

Die nächste Frage, mit der wir uns beschäftigen müssen, ist: Wie nehmen wir unser Körpergewicht wahr? Die Gleichung $F_g = m \cdot g$ ist eine schöne Beschreibung aus dem Physikbuch, aber unser Körper kann mit dieser Information nichts anfangen. Und trotzdem fühlen wir unser Gewicht. Dafür brauchen wir jedoch etwas, das der Beschleunigung der Schwerkraft entgegenwirkt. Solange wir wie ein Fallschirmspringer, der aus dem Flugzeug springt, frei fallen, fühlen wir unser

Gewicht nicht. Erst mit einem Support[3] nehmen wir es als Druck auf den Körperteilen wahr, auf die wir uns stützen. Beim Laufen ist der Boden unser Support, dort spüren wir unser Gewicht als Druck auf dem Fußballen.

Wenn wir einen Support unter den Füßen haben, kommen die Muskeln als verbindende Elemente zwischen dem Körpergewicht und dem Support ins Spiel. Die Kontraktion der Muskeln ist die Konsequenz der zuvor dargestellten hierarchisch geordneten Abfolge. Ohne Support sind unsere Muskeln nutzlos.

Was bedeutet es also von diesem Standpunkt aus gesehen, Kraft auf etwas auszuüben? Es ist die Anwendung unseres Körpergewichts auf einen Support. Die Muskeln dienen diesem Prozess. Müssen Sie diese Aufgabe nicht erfüllen, zum Beispiel bei einem langen Aufenthalt im Weltraum, nimmt die Muskelmasse dramatisch ab – sie werden schlicht und einfach kaum gebraucht, da es im Weltraum kein Körpergewicht gibt, das wir irgendwo anwenden könnten. Astronauten, die nach langer Zeit wieder auf die Erde zurückkehren, können deshalb kaum stehen geschweige denn laufen.

Die Wahrnehmung des Körpergewichts auf dem Fußballen ist der Schlüssel dafür, die Schwerkraft effizient zu nutzen. Wenn Sie keine oder nur eine schlecht entwickelte Wahrnehmung

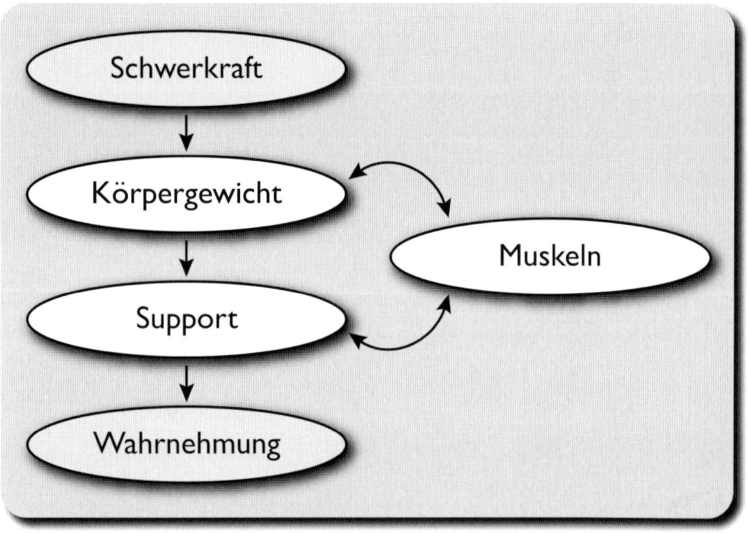

des Körpergewichts haben, arbeiten die Muskeln nicht richtig. Diese beiden Elemente – die Wahrnehmung des Körpergewichts und die Arbeit der Muskeln – sind auf einer tiefen biologischen Ebene eng miteinander verknüpft. Daran können Sie nichts ändern, aber Sie können Ihre Wahrnehmung immer weiter verfeinern und damit Ihre Fertigkeiten zur Interaktion mit der Natur nahezu endlos steigern. Das ist die Quelle Ihrer weiteren Entwicklung – nicht nur beim Laufen, sondern in jeder Bewegung.

3 „Support" kommt aus dem Englischen und bedeutet soviel wie „Unterstützung" oder „Stütze". In diesem Zusammenhang bezeichnet es die Unterstützungsfläche, auf der unser Körpergewicht ruht. Im Gegensatz zum deutschen Wort „Unterstützungsfläche", meint Support jedoch nicht nur die Fläche im räumlichen Sinne, sondern gleichzeitig die Belastung dieser Fläche durch unser Körpergewicht.

4. Akt, 2. Kapitel

Die Dreiheit des Laufens

„Alles sollte so einfach gemacht werden wie möglich ... aber nicht einfacher."
Albert Einstein

Die Idee der Pose-Methode ist eine einfache Dreiheit von Elementen: Pose – Fallen – Ziehen. Jedes Element dieses Dreiecks verkörpert eine spezifische Funktion in der Laufbewegung als Ganzes, die eng mit den anderen Elementen verknüpft ist. Diese Dreiheit hat immer die gleiche Struktur, egal ob Sprint oder Langstrecke, Anfänger oder Spitzenathlet, Triathlon oder Marathon: Die Bewegung beginnt in der Lauf-Pose, von hier aus fallen wir vorwärts und ziehen schnell den Fuß unter die Hüfte, um den Support auf das andere Bein zu wechseln und den Zyklus von vorn zu beginnen. Diese Struktur wird uns von der Natur diktiert, die Schwerkraft ist das alles bestimmende Element in dieser Gleichung.

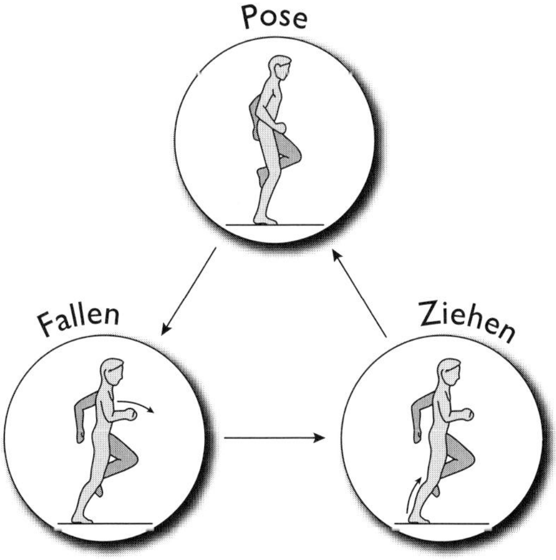

Die Lauf-Pose

Bei jeder Bewegung in Raum und Zeit durchläuft der Körper eine Vielzahl verschiedener Positionen. Die meisten dieser Positionen sind jedoch das Ergebnis und nicht die Ursache richtiger Bewegungen. Die Lauf-Pose dagegen ist die Position, die die Biomechanik der vorherigen und der nachfolgenden Bewegungen maßgeblich bestimmt und somit für eine ideale Bewegung ver antwortlich ist. Diese Position bildet die Grundlage des Laufens mit Pose. Sie zeichnet sich durch drei Eigenschaften aus: Balance, Kompaktheit und Elastizität.

In der Lauf-Pose sind Sie im Gleichgewicht über dem Support. Kopf, Schultern, Hüfte und Fußballen, auf dem das Körpergewicht ruht, liegen alle auf einer geraden Linie. Die Ferse des Stützfußes ist ein wenig über dem Boden bzw. berührt ihn leicht; das Gewicht ruht immer auf dem Fußballen (nicht auf den Zehen!). Mit dieser ausbalancierten Position vermeiden Sie unnötige

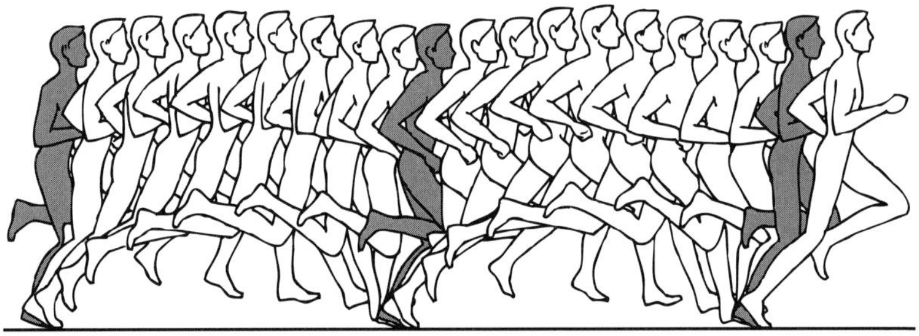

Die Laufbewegung als Abfolge von Posen (Die grauen Bilder kennzeichnen die Lauf-Pose)

Ausgleichsbewegungen. Darum werden wir am Anfang so viel Wert auf das Erlernen der Lauf-Pose legen. Genau wie Eiskunstläufer viel Zeit mit dem Erlernen von Basisfiguren verbringen, bevor sie Drehungen und Sprünge üben, müssen Sie zuerst die Lauf-Pose in ihrer Einfachheit beherrschen, bevor Sie sich mit der Komplexität der ganzen Bewegung auseinandersetzen.

Durch die federartige S-Form der Lauf-Pose kann die Elastizität unserer Muskeln optimal genutzt werden. Denken Sie an einen Gepard bei seiner Jagd nach Beute: Stoppen Sie die Bewegung in Gedanken in dem Augenblick, wenn alle vier Pfoten direkt unter seinem Körper sind und er jeden Moment in den nächsten Schritt explodieren wird. Das ist die Lauf-Pose des Geparden; die menschliche Lauf-Pose ist auf ihre Weise genauso mit Energie geladen, genauso bereit, in den nächsten Schritt zu fallen.

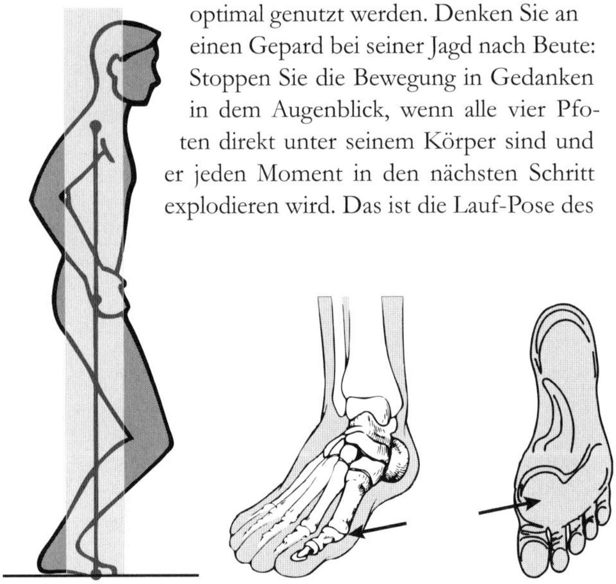

Der Körper ist an einer geraden Linie ausgerichtet, das Gewicht ruht auf dem Fußballen.

Die Lauf-Pose des Geparden

Wie fühlt sich die Lauf-Pose an? Sie sind zentriert, im Gleichgewicht und entspannt. Wenn Sie die Lauf-Pose nicht beherrschen, müssen Sie ständig kleine Ausgleichsbewegungen nach rechts und links, nach vorn und nach hinten machen, um das Gleichgewicht zu halten – dabei verschwenden Sie Energie. Sie sollten das Gefühl haben, den ganzen Tag in dieser Position stehen bleiben zu können, jederzeit bereit, schnell und mühelos vorwärtszufallen.

Das Fallen

Die Lauf-Pose bringt uns bildlich gesprochen an den Rand eines Abgrundes, vergleichbar mit einem Ball an der Tischkante, kurz bevor er fällt – und im nächsten Moment ist es schon geschehen. Die Lauf-Pose ist fest, aber das Resultat ist Bewegung. Bewegung entsteht, wenn wir vom Gleichgewicht zum Ungleichgewicht gehen. Wenn wir uns aus dem Gleichgewicht lehnen, „erfasst" uns die Schwerkraft und wir fallen nach vorn.

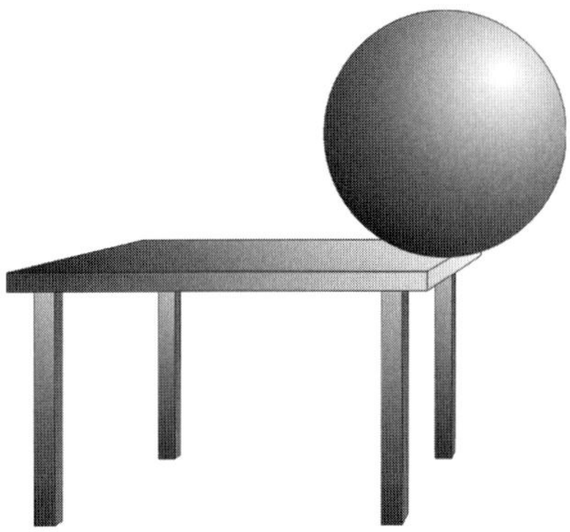

Bereit zum Fallen

Die Schwerkraft begleitet uns 24 Stunden am Tag. Sie bestimmt seit unserer Geburt maßgeblich unsere physische Entwicklung und beeinflusst jede unserer Bewegungen. Obwohl, oder gerade weil die Schwerkraft so allgegenwärtig ist, verwenden wir keine Zeit darauf, sie besser zu verstehen. Für uns existiert sie einfach – wir denken nicht viel darüber nach. Die Schwerkraft ist jedoch für alle unsere Bewegungen von so großer Bedeutung, dass man fast sagen könnte: Laufen, ohne die Schwerkraft zu verstehen, ist wie Segeln, ohne den Wind zu kennen.

Wir können die Schwerkraft nutzen, um vorwärtszukommen, wie ein Segler, der den Wind einfängt. Es ist nicht die Kraft des Seglers, die das Boot antreibt; es ist sein Können, den Wind einzufangen. Beim Laufen ist es Ihr Können, das die Schwerkraft optimal in eine horizontale Bewegung umsetzt. Es bestimmt, wie weit und wie schnell Sie laufen können.

Die Bedeutung der Schwerkraft für unsere Bewegungen ist oft in Vergessenheit geraten, das Konzept an sich ist aber nicht neu. Bereits im 15. Jahrhundert hat niemand Geringerer als der berühmte Renaissancemaler Leonardo da Vinci die Bedeutung der Schwerkraft für die Bewegung beschrieben: „Bewegung entsteht durch das Aufgeben von Balance – nichts kann sich bewegen, solange es im Gleichgewicht ist, und das, was am weitesten von diesem Zustand entfernt ist, bewegt sich am schnellsten". Er fügte hinzu: „Von den Tieren erscheint dasjenige am schnellsten, das die größte Bereitschaft hat, nach vorn zu fallen" [1].

Ihre Bereitschaft zum Fallen wirkt sich unmittelbar auf Ihre Geschwindigkeit aus. Mit anderen Worten: Die ideale Lauftechnik ist die Kunst, den Körper frei fallen zu lassen. Die beste Voraussetzung dafür ist ein labiles Gleichgewicht[4] wie in der Lauf-Pose – das hat bereits Leonardo da Vinci gewusst. Loslaufen ist so einfach wie sich vorwärtsfallen zu lassen!

4 „Labiles Gleichgewicht" ist ein Begriff aus der Physik und sozusagen das Gegenteil des stabilen Gleichgewichts. Wird ein Körper im stabilen Gleichgewicht aus der Gleichgewichtslage ausgelenkt, kommt er von selbst wieder in die stabile Lage zurück. Beim labilen Gleichgewicht dagegen führt jede Auslenkung zur Aufgabe der Gleichgewichtslage. Anschaulich gesagt: Eine Pyramide, die mit einer Fläche auf dem Tisch steht, ist im stabilen Gleichgewicht. Steht sie mit der Spitze auf dem Tisch, ist sie im labilen Gleichgewicht.

Das Ziehen

Unsere Laufgeschwindigkeit wird dadurch bestimmt, wie gut wir es verstehen, die Schwerkraft zu nutzen. Dafür müssen wir ständig unseren Support von einem Bein zum anderen wechseln, um den Zyklus Pose – Fallen zu reproduzieren.

Jede Bewegung kann als Wechsel des Supports von einem zum nächsten Punkt beschrieben werden. Ein Hund rennt, indem er seinen Support von Pfote zu Pfote verlagert. Eine Schlange, die sich mit erstaunlicher Geschwindigkeit über den Boden schlängeln kann, wechselt ihren Support von einem Punkt zum nächsten entlang ihres Körpers. Sogar Vögel in der Luft und Fische im Wasser wechseln ihre Support-Punkte, um sich in ihrem Medium vorwärtszubewegen. Und was tun wir beim Laufen? Wir wechseln den Support von einem Bein zum anderen – so einfach.

Dieser Wechsel wird eingeleitet, indem Sie Ihren Standfuß unter der Hüfte nach oben ziehen. Für diese Bewegung ist die große Muskelgruppe der Hamstrings[5] verantwortlich. Ihr Impuls löst den Fuß vom Boden und gibt ihm die richtige Bewegungsrichtung: direkt unter die Hüfte.

Und auf genau diese einfache Bewegung sollten Sie sich auch konzentrieren: Den Fuß unter der Hüfte hochzuziehen. An die Streckung

Der Wechsel des Supports ist die Basis jeder Fortbewegung

des Standbeins sollten Sie aus zwei Gründen keine Gedanken verschwenden: Erstens soll die vertikale Auf- und Abbewegung des Körperschwerpunktes möglichst klein bleiben – wir wollen ja nicht nach oben springen. Ein Zuviel dieser Bewegung kostet Sie eine Menge Energie und ist völlig nutzlos für die Vorwärtsbewegung. Jeder Versuch, aktiv die Hüfte und das Bein zu strecken, führt zu einer zu starken Bewegung nach oben.

Zweitens sollten Sie gerade nicht daran denken, mit den Beinen zu laufen, sondern mit dem ganzen Körper. Trotzdem versuchen viele Läufer, sich durch eine kraftvolle Streckung des Standbeins abzudrücken, oder mit dem vorderen Bein nach dem Boden „zu greifen". Sie denken, Ihren Schritt nach vorn verlängern zu können, um sich dann mit einer ziehenden Bewegung vorwärts zu katapultieren. Viele Trainer aus der Leichtathletik verfechten diese verletzungsträchtigen Aktionen, obwohl N. Bernstein, einer der bedeutendsten russischen Wissenschaftler auf diesem Gebiet, schon im Jahr 1937 in seinen Studien festgestellt hat, dass diese Bewegungen nichts zum Laufen beitragen. Die Kraft, die wir auf den Boden übertragen, verläuft immer in einer geraden Linie vom Körperschwerpunkt zur Stützfläche. Somit ist es

5 „Hamstrings" ist der englische Begriff für die große Gruppe der hinteren Oberschenkelmuskulatur. Im Deutschen wird hierfür meist der Begriff „ischiocrurale Muskulatur" gebraucht. Die Muskelgruppe besteht aus dem M. semitendinosus, dem M. semimembranosus sowie dem M. biceps femoris. Diese Muskeln haben Ihren Ursprung am Beckenknochen, genauer gesagt an den Sitzbeinhöckern, und ziehen den Oberschenkel entlang bis zum Wadenbeinköpfchen (M. biceps femoris) bzw. Schienbein (M. semitendinosus und M. semimembranosus). Die Hauptfunktionen dieser Muskeln sind die Streckung im Hüftgelenk und die Beugung im Kniegelenk.

mechanisch unmöglich, sich über diesen Punkt „hinwegzuziehen“ [2]. Trotzdem unterliegen immer noch viele Athleten dieser Illusion.

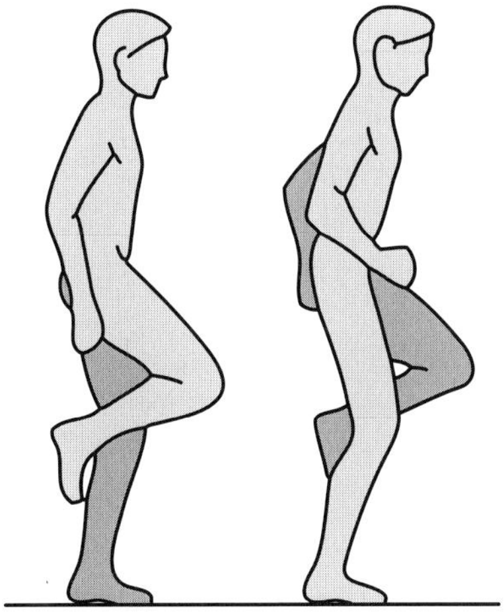

Der Fuß wird unter der Hüfte hochgezogen, um den Support zu wechseln.

Das Hochziehen der Füße unter der Hüfte ist die einzig sinnvolle Aktion beim Laufen. Dieses Kommando sollten Sie immer im Kopf behalten.

Pose-Fallen-Ziehen

Aus diesen drei Komponenten besteht die Laufbewegung. Alles beginnt mit der Lauf-Pose. Von dort aus fallen Sie vorwärts und ziehen im selben Moment den Fuß unter der Hüfte vom Boden. In dem Moment, wenn der Fuß vom Boden gelöst ist, ist das Vorwärtsfallen beendet und der Körper verlässt die Lauf-Pose, bis der andere Fuß den Boden berührt und der Zyklus von vorn beginnt.

Diese Elemente repräsentieren nach unserem heutigen Wissensstand die unveränderbare Struktur der Biomechanik des Laufens und weisen uns gleichzeitig einen Weg, diese zu unterrichten. Perfektion im Laufen ist die Perfektion dieser drei Elemente und ihrer Beziehungen in Raum und Zeit. Die Geschwindigkeit und die Ausdauer beim Laufen sind durch unsere Fähigkeit bestimmt, den Zyklus Pose-Fallen-Ziehen zu reproduzieren: so häufig und so lange wir können.

[1] Keele, K.D. (1983): Leonardo da Vinci's Elements of the Science of Man. New York, Academic Press, S. 173-175.
[2] Bernstein, N. (1937): Some biodynamic data of running of outstanding athletes. Theory and Practice of Physical Culture, Moscow, Vol. 4, S. 328-341.

4. Akt, 3. Kapitel

Muskelelastizität

„Die Natur kreiert nichts ohne Bedeutung."
Aristoteles

Wenn Sie sich schnell laufende Tiere ansehen, werden Sie feststellen, dass die Läufe in allen Gelenken gebeugt bleiben. So kann die Elastizität der Muskeln optimal genutzt werden. Die S-förmige Lauf-Pose erinnert an diese Formgebung. Durch ihre elastischen Eigenschaften speichern Muskeln Energie, wenn sie gedehnt werden, und ziehen sich danach wie eine Feder wieder zusammen. Solange das Gewebe nicht bis an die äußerste Grenze gedehnt wird, bleibt es flexibel und kann effektiv arbeiten. Wenn Sie einen Hund oder eine Katze haben, können Sie das folgende kleine Experiment machen: Versuchen Sie einen Hinterlauf vollständig zu strecken; es wird Ihnen nicht gelingen. Die Natur hat es so eingerichtet, dass die Läufe immer gebeugt bleiben. Drücken Sie mit einem Finger in die Oberschenkelmuskulatur des Hinterlaufs. Die Muskeln fühlen sich weich und durchlässig an, Sie können Ihren Finger fast bis auf den Knochen drücken, ohne dass dies dem Tier Schmerzen bereitet.

In den Medien wird uns oft das Bild von steinharten Muskeln als Zeichen von Stärke vermittelt, doch das Gegenteil ist wahr. Ein steinharter Muskel ist zu sehr mit hartem Bindegewebe durchsetzt, flexible und elastische Muskeln dagegen können am effektivsten arbeiten. Das erklärt unter anderem, warum Massage und Beweglichkeitsschulung wichtige Bestandteile des Trainingsalltags sind. Wenn Sie Ihre Muskeln geschmeidig halten, wird das einen maßgeblichen Einfluss auf Ihre Laufleistung haben.

Wenn Sie Ihr Haustier gerade schon zur Hand haben ... werfen Sie mal einen genauen Blick auf die Pfoten: Tiere haben keine Fersen. Natürliche Selektion hat sie zu Ballenläufern gemacht. Auch in der Lauf-Pose ruht unser Gewicht auf dem Fußballen. Die Gelenke sind leicht gebeugt und die Ferse berührt den Boden nur leicht. Wie bei unseren Vorbildern aus der Tierwelt können unsere Muskeln in dieser Position am effizientesten arbeiten. Eine Studie aus dem Jahr 1964 hat gezeigt, dass die mechanische Effizienz des Laufens durch die Nutzung der Muskelelastizität um bis zu 50 % zunimmt [1]. So können Sie eine hohe Schrittfrequenz beibehalten, ohne dafür unnötig viel Energie zu investieren. Sie laufen länger und schneller und schonen dabei noch Ihre Energiereserven [2, 3, 4].

Die Entwicklung Ihrer Kraft ist eine wichtige Voraussetzung für einen elastischen Laufstil, da Ihre Bewegungen schneller und die Bodenkontaktzeit kürzer werden. Natürlich trainieren Sie Ihre Muskeln auch während des Laufens, aber um die Vorteile der Pose-Methode nutzen zu können, sollte ein spezielles Krafttraining ein fester Bestandteil Ihres Trainings werden. Alle diese Übungen werden im fünften Akt vorgestellt.

[1] Cavagna, G.A., Saibene, F.P., Margaria, R. (1964): Mechanical work in running. Journal of Applied Physiology, 19, S. 249-256.
[2] Alexander, A.M. (1988): Springs as energy stores: running. Elastic mechanisms in animal movement. Cambridge, Cambridge University Press, S. 31-50.
[3] Cavagna, G.A. (1977): Storage and utilization of elastic energy in skeletal muscle. Exercise and Sport Science Reviews, 5, S. 89-129.
[4] Cavagna, P.R., La Fortune M.A. (1980): Ground reaction forces in distance running. Journal of Biomechanics, 13, S. 397-406.

4. Akt, 4. Kapitel

Schrittfrequenz

„Spitzenläufer laufen mit hoher Schrittfrequenz."
Jack Daniels

Wenn wir genauer darüber nachdenken, was unsere Beine beim Laufen machen, entstehen viele Fragen. Welche Bedeutung haben die Schrittfrequenz und die Schrittlänge? Laufen wir schneller, wenn wir größere Schritte machen? Die Antwort auf diese Fragen ist einfach und komplex zugleich.

Wenn wir versuchen, unsere Schritte aktiv zu verlängern, erhöhen sich die Bremskräfte mit jedem Schritt: Um die Schritte aktiv zu vergrößern, strecken wir unsere Beine weiter nach vorn. Wenn der Fuß den Boden weit vor dem Körperschwerpunkt berührt, dauert es viel länger, bis der Körper über dem Support ist. Das macht unsere Schritte langsam und unterbricht ständig den Vortrieb durch die Schwerkraft.

Probieren Sie es selbst aus: Suchen Sie sich auf einer geraden Strecke eine virtuelle Ziellinie, etwa 40 Meter von Ihnen entfernt. Sprinten Sie bis zu dieser Linie und lassen Sie sich dann austrudeln. Was haben Sie gemacht? Hinter der Ziellinie haben Sie angefangen zu bremsen, indem Sie Ihre Schritte verlängert haben. Ihr Körper kennt den schnellsten Weg, um langsamer zu werden: Er stört die Arbeit der Schwerkraft. Haben Sie beim Abbremsen die hohe Last auf Ihren Knien und Oberschenkeln gespürt? Letztendlich hat es mehr Energie gekostet abzubremsen als weiterzulaufen. Mit Pose bremsen Sie auf eine viel sanftere Art und Weise: Lehnen Sie sich leicht nach hinten und behalten Sie eine hohe Schrittfrequenz bei, das verringert die Stöße beträchtlich.

Die Schrittfrequenz bestimmt, wie schnell wir den Support von einem Fuß zum anderen verlagern. Eine hohe Schrittfrequenz erlaubt uns, das Vorwärtsfallen kontinuierlich zu reproduzieren und die Elastizität unserer Muskeln und Sehnen besser zu nutzen – egal ob wir schnell oder langsam laufen.

Viele Studien haben gezeigt, dass die besten Läufer auf allen Strecken mit höheren Schrittfrequenzen laufen als Freizeitläufer. In Jack Daniels „Daniels' Running Formula" aus dem Jahre 1997 können Sie nachlesen, dass Spitzenläufer mit 180 Schritten pro Minute oder mehr unterwegs sind, im Training wie im Wettkampf [1]. Das erlaubt eine optimale Nutzung der Muskelelastizität, wie wissenschaftliche Studien bereits in den 1960er Jahren gezeigt haben: Der Sauerstoffverbrauch wird gesenkt und die Effizienz der Bewegung erhöht [2].

Eine hohe Schrittfrequenz muss nicht anstrengend sein. Im Gegenteil, die verbesserte Nutzung der Muskelelastizität spart sogar Energie und verhindert Verspannungen der Muskulatur. Die Schrittfrequenz und der Grad des Vorwärtsfallens sind zwei eng miteinander verknüpfte Parameter, die immer in ein harmonisches Verhältnis gebracht werden müssen.

[1] Daniels, J. (1997): Daniels' Running Formula. Champaign, IL, Human Kinetics, S. 80-82.
[2] Margaria, R. (1976): Biomechanics and Energetics of Muscular Exercise. Oxford University Press, S. 105-108.

4. Akt, 5. Kapitel

Die Einrad-Metapher

„Einfachheit ist die höchste Kunst."
Leonardo da Vinci

Das Rad ist eine perfekte Erfindung: Trotz seiner scheinbaren Einfachheit ist es ein komplexer Mechanismus mit drei mechanischen Eigenschaften, die auch für die ideale Lauftechnik von Bedeutung sind. Das Rad ist mechanisch sehr effizient, da es die Vorwärtsbewegung mit minimaler vertikaler Bewegung ermöglicht. Das Verhältnis zwischen dem Support und dem Rad selbst (bzw. seines Körperschwerpunktes) ver ändert sich während einer ganzen Umdrehung nicht, die Position des Supports und des Körperschwerpunkts relativ zueinander bleibt immer gleich. Außerdem ist die Geschwindigkeit des Rades proportional zur der Geschwindigkeit, mit der der Support wechselt.

Denken Sie an einen Einradfahrer, um eine bessere Vorstellung dieser mechanischen Eigenschaften zu bekommen. Egal, in welcher Position sich das Rad befindet, es ist immer nur ein Punkt des Reifens im Kontakt mit dem Boden. Das ist der Support, auf dem das ganze Gewicht des Körpers ruht.

Erinnern Sie sich an die erste Eigenschaft des Rades: Wenn der Einradfahrer die Straße entlang fährt, bewegt sich zwar das Rad, der Support wechselt ständig, aber der Kopf des Fahrers bleibt immer auf einer Höhe. Bei guten Läufern verhält es sich ganz ähnlich: Tim Noakes beschreibt in seinem Buch „The Lore of Running", wie Alberto Salazar[6] 1981 bei der TV-Übertragung des New York-City-Marathons die Queensborough-Brücke überquerte [1]. In den Fernsehbildern waren nur Salazars Kopf und seine Schultern zu sehen, der Rest war hinter einer Mauer verdeckt. Man konnte wunderschön be-

6 Alberto Salazar, * 1958 auf Kuba, emigrierte mit seiner Familie in die USA und gewann 1980-1982 dreimal in Folge den New York City Marathon.

obachten, wie sich sein Kopf fast auf einer Linie bewegte – er verschwendete keine Energie mit dem Anheben des Körpers. Sein Laufstil wurde deswegen auch „Salazar-Shuffle" getauft.

Zurück zum Einrad und zur zweiten Eigenschaft des Rades: Weder der Abstand noch die Position des Einradfahrers relativ zum Support verändern sich, während er sich vorwärtsbewegt. Die Hüfte, der Oberkörper und der Kopf des Fahrers sind immer in einer Linie über dem Support ausgerichtet.

Wenn Sie die Füße des Einradfahrers betrachten, werden Sie feststellen, dass der Fuß in der tiefsten Position immer direkt unter dem Körper ist und das Bein dabei immer leicht gebeugt bleibt. Denken Sie sich einmal das Einrad weg – Sie sehen einen Läufer in der perfekten Lauf-Pose. Die Knie sind gebeugt und der ganze Körper ist an einer geraden Linie direkt über dem Support auf dem Fußballen ausgerichtet.

Die letzte mechanische Eigenschaft des Rades, die Proportionalität zwischen der Geschwindigkeit, mit der der Support wechselt und mit der das Rad vorwärts rollt, finden wir auch beim Laufen wieder: Wenn wir den Support schneller von einem Fuß auf den anderen wechseln, erhöht sich unsere Geschwindigkeit – vorausgesetzt wir fallen dabei immer noch gleich gut.

Natürlich können wir mit unseren zwei Füßen nicht die Effizienz eines Rades erreichen. Trotzdem können wir uns das Gefühl des ständig wechselnden Supports zu eigen machen. Je flüssiger wir von einem Bein auf das andere wechseln, desto näher kommen wir dem Rad. Was lernen wir also aus diesem Vergleich? Um sich der Effizienz eines Rades zu nähern, müssen wir die vertikale Bewegung unseres Körpers minimieren, direkt unter unserem Körperschwerpunkt aufkommen und eine hohe Schrittfrequenz beibehalten. Mit Pose verwirklichen Sie alle diese Ziele.

[1] Noakes, T. (1991): Lore of Running – Discover the science and spirit of running. Champaign, IL, Leisure Press, S. 29.

4. Akt, 6. Kapitel

Das „Nichtstun-Prinzip"

„Egal auf welchem Gebiet: Perfektion ist nicht erreicht, wenn wir nichts mehr hinzufügen, sondern wenn wir nichts mehr wegnehmen können."

Antoine de Saint-Exupéry

Sie haben jetzt die Elemente der Pose-Methode kennengelernt, die Sie lernen und auf die Sie achten müssen. Die Dinge, die Sie nicht tun und an die Sie nicht denken sollten, sind jedoch noch wesentlich zahlreicher. Die falschen Dinge nicht zu tun, ist genauso wichtig, wie auf die richtigen Dinge zu achten. Aber ich muss Sie warnen – das „Nichtstun" ist leider nicht einfacher als das „Tun".

Der Name des „Nichtstun-Prinzips" ist während eines Nachwuchstrainingslagers des amerikanischen Triathlonverbandes im Juni 1996 in Gainesville, Florida entstanden. Stuart Newby Fraser – der Bruder der siebenfachen Siegerin des Ironman Hawaii Paula Newby Fraser – schaute mir vom Rand des Sportplatzes aus zu, wie ich mit einer Gruppe junger Triathleten arbeitete. Nach dem Training kam er zu mir und wollte mehr darüber erfahren, was ich mit den Kindern gemacht hatte.

Ich begann mit ihm zu arbeiten, doch bereits nach kurzer Zeit war seine Frustration nicht zu übersehen. Egal was er tat, ich hatte immer etwas daran auszusetzen: „Mach dies nicht, mach das nicht ...". Jeder meiner Sätze beinhaltete das Wort „nicht". Schließlich hörte Stuart entnervt auf, schaute mich an und fragte: „Nick, willst du eigentlich, dass ich nichts tue?".

Ich musste lachen, aber er hatte den Nagel auf den Kopf getroffen: „Genau Stuart, tue nichts!". Ich dankte ihm dafür, dass er einem wichtigen Prinzip der Pose-Methode einen Namen gegeben hatte – das ist die Geschichte des „Nichtstun-Prinzips".

Die meisten Läufer, Triathleten und viele andere Sportbegeisterte sind sehr motivierte Menschen, Psychologen nennen sie auch „Typ A" Persönlichkeiten [1, 2]. Sie wollen die Dinge selbst in die Hand nehmen und stecken ihre ganze Energie in die Verwirklichung ihrer Ziele. Aber mit Pose müssen Sie vor allem lernen, nichts zu tun, außer Ihre Füße unter der Hüfte nach oben zu ziehen – doch das hört sich leichter an, als es ist!

Wir sind darauf programmiert, alles geben zu wollen, um die bestmögliche Leistung zu erreichen. Daher ist es schwierig zu akzeptieren, dass Spitzenleistungen nur durch das Ausklammern aller überflüssigen Aktivitäten möglich werden: Nur durch die Konzentration auf das Wesentliche, das, was Sie gegen die äußeren Widerstände vorwärtsbringt, können Sie schnell laufen.

Sie können und sollten beim Laufen mit Pose nicht alles kontrollieren. Sie müssen lernen, gewisse Dinge geschehen zu lassen und nichts zu erzwingen. Die Schwerkraft ist beständiger als jede Kraft, die Sie mit Ihren Muskeln erzeugen können. Kämpfen Sie nicht gegen sie, sondern lassen Sie sich von ihr vorwärtsziehen. Auf diese Weise sparen Sie viel Energie für eine einfache aber entscheidende Aufgabe: das Hochziehen der Füße vom Boden.

Es gibt viele Dinge, die Sie nicht tun sollten. Die vier wichtigsten Regeln sind:

1. Setzen Sie Ihre Füße nicht aktiv auf den Boden.
2. Heben Sie Ihre Knie nicht aktiv an.
3. Drücken Sie sich nicht aktiv vom Boden ab.
4. Laufen Sie nicht mit den Armen.

Die vielleicht am schwersten zu erlernende Regel ist: **Setzen Sie Ihre Füße nicht aktiv auf den Boden**. Die Schwerkraft sorgt ganz allein dafür, dass Ihr Schwungbein wieder rechtzeitig auf den Boden zurückkommt. Sie müssen den Fuß lediglich mit den Hamstrings vom Boden ziehen, danach können Sie das Bein entspannen und es sich selbst und der Schwerkraft überlassen. So setzt Ihr Fuß weich auf dem Boden auf, und zwar genau da, wo er hingehört: unter dem Körperschwerpunkt.

Ein aktiver Fußaufsatz dagegen bringt eine Reihe von Problemen mit sich: Die Füße werden unnötigen Stößen ausgesetzt, es wird mehr Energie verbraucht und der Rhythmus des Laufschritts wird durch den Fußaufsatz vor dem Körperschwerpunkt gestört. Dies erhöht die Belastung beim Abfangen des Körpergewichts enorm und kann zusammen mit dem Stoß, den der Fuß beim aktiven Fußaufsatz auf den Boden erfährt, zu Verletzungen führen. Wenn Sie dabei auch noch das Bein durchstrecken, macht das alles noch schlimmer.

Es erfordert viel Übung und Konzentration, den Fuß locker auf den Boden zurückfallen zu lassen. Nehmen Sie sich die Zeit dafür, dieses Element zu erlernen – es ist ein Schlüsselelement für das Laufen mit Pose.

Die zweite, genauso wichtige Regel ist: **Heben Sie Ihre Knie nicht aktiv an**. Die Oberschenkel sind ziemlich schwer, sie 180 Mal pro Minute anzuheben ist eine anstrengende Aufgabe, die völlig überflüssig für Ihre Vorwärtsbewegung ist und Sie viel Kraft kostet.

Viel wichtiger ist es, dass Sie den Fuß schnell und direkt unter der Hüfte hochziehen, um den nächsten Fallzyklus einzuleiten. Die Hamstrings sind die wichtigste Muskulatur für diese Aufgabe. Wenn Sie zusätzlich die Hüftbeuger mit ins Spiel bringen, um die Knie nach oben zu ziehen, müssen Sie den Fuß auch aktiv wieder nach unten

beschleunigen, damit er rechtzeitig am Boden zur Stelle ist, wenn er gebraucht wird. Das kostet Sie nicht nur Zeit und Kraft, sondern verstärkt zudem den Stoß beim Bodenkontakt.

Die dritte Regel lautet: **Drücken Sie sich nicht aktiv vom Boden ab**. Sie haben gelernt, dass Laufen ein Zyklus aus Fallen und Support wechseln ist. Dabei besteht keine Notwendigkeit und sogar keine Möglichkeit, sich aktiv nach vorn abzudrücken. Die minimale vertikale Bewegung des Körperschwerpunkts brauchen Sie nicht aktiv zu machen. Sie antizipieren völlig unbewusst den Bodenkontakt; die Anspannung der Muskulatur ist ein Reflex, der zusammen mit der Elastizität Ihrer Muskeln und Sehnen dafür sorgt, dass Sie den Boden verlassen und den Support wechseln können. Zu dem Zeitpunkt, wenn Sie sich nach vorn abdrücken wollen, hat Ihr Körpergewicht den Boden bereits verlassen – es ist unmöglich, sich dort abzudrücken. Der Versuch, es doch zu tun, führt nur zu einer größeren vertikalen Bewegung und unterbricht das Fallen. Sie schneiden sich von Ihrer wertvollsten Energiequelle ab.

Darüber hinaus führt ein aktiver Abdruck zu unnötiger Spannung in der Muskulatur Ihrer Füße, Unter- und Oberschenkel. Ihr Bein ist verkrampft und kann nicht schnell dorthin kommen, wo es dringend gebraucht wird: unter Ihre Hüfte. Sie verhindern also nicht nur das freie Fallen, sondern sind zudem auch noch zu spät mit dem Hochziehen der Füße. Der Rhythmus der gesamten Bewegung wird gestört.

Die letzte Regel ist: **Laufen Sie nicht mit den Armen**. Der Einsatz der Arme bringt Sie nicht schneller voran, sie dienen nur dem Gleichgewicht, indem sie im Rhythmus mit der Beinbewegung mitschwingen – nicht mehr. Versuchen Sie nicht, mit Ihren Armen irgendetwas zu erzwingen. Wenn Sie Arme und Hände entspannt lassen, sparen Sie Energie und verhindern Verspannungen im Nacken und im Schultergürtel.

Auch wenn das „Nichtstun-Prinzip“ schwerer umzusetzen ist, als es sich zunächst anhört – es ist die Mühe wert. Ihr Körper wird es Ihnen danken. Es braucht viel Geduld und Konzentration, um zu lernen, sich auf das Wesentliche zu beschränken und alles andere geschehen zu lassen. Aber Sie werden mit dem Genuss von schnellerem, längerem und verletzungsfreiem Laufen belohnt werden.

[1] Mischel, W. (1999): Introduction to personality, 6. Auflage. Fort Worth, TX, Harcourt Brace Jovanovich.
[2] Woodall, K.L., Matthews, K.A. (1989): Familiar environments associated with Type A behaviors and psychophysiological responses to stress in children. Health psychology, Vol. 8, S. 403-426.

5. Akt
Die Praxis

„Die ersten Schritte meiner Reise liegen nun bereits hinter mir und ich kann es kaum erwarten, mein neues Wissen in der Praxis auszuprobieren. Wenn ich auf der Laufbahn stehe, bekomme ich manchmal Angst davor, dass alles wieder von vorn losgehen könnte. Aber ich habe dazugelernt und bin mit meiner neuen Herausforderung gewachsen.
Ich konzentriere mich auf die korrekte Ausführung der vielen Übungen, die mir Stück für Stück die Freude am Laufen zurück in mein Leben bringen. Manchmal bin ich so vertieft in mein Training, dass ich nicht einmal meine Freunde vom Rand des Stadions rufen höre. Aber sie wissen, dass das ein gutes Zeichen ist ..."

5. Akt, 1. Kapitel

Pose-Laufübungen

„Bewegung entsteht durch die Aufgabe von Balance."
Leonardo da Vinci

Was ist der Zweck von Übungen? Sie vereinfachen und unterteilen den Lerngegenstand in Teile, die wir verstehen, sehen, fühlen und ausführen können. Das Ziel dieses Prozesses ist, die Wahrnehmung der Dinge zu schulen, die wir vorher nicht wahrnehmen konnten. Es geht nicht um Kraft, Ausdauer oder Schnelligkeit. All das ist ein Nebenprodukt der Schulung unserer Wahrnehmung.

In der Pose-Methode gibt es vier große Gruppen von Laufübungen, die auf dem Konzept der Pose-Methode – der Dreiheit Pose-Fallen-Ziehen – beruhen.

1. Pose-Übungen
2. Fall-Übungen
3. Zieh-Übungen
4. Integrations-Übungen

Jede dieser Gruppen ist unterteilt in Übungen für Anfänger und für Fortgeschrittene. Mit Pose bestimmen jedoch nicht Ihre persönlichen Bestzeiten, ob Sie sich als Anfänger oder Fortgeschrittener einstufen sollten. Wenn Sie eine neue Fertigkeit lernen, sind Sie immer erstmal ein Anfänger. Beginnen Sie also mit den entsprechenden Übungen, bis Sie sie gut und kontrolliert ausführen können. Dann können Sie den Schritt zu den fortgeschrittenen Übungen wagen.

Wie bereits im Leitfaden zum Erlernen der Pose-Methode erwähnt, sollten Sie nach jeder Übung eine kurze Strecke von 20-30 Metern in einem angenehmen Tempo laufen, um das Gefühl der Übung auf das Laufen zu übertragen. Die korrekte Ausführung der Übungen ist sehr wichtig, um die richtigen Bewegungen zu erlernen und Verletzungen zu verhindern. Lassen Sie sich dabei nicht von der Einfachheit der Illustrationen täuschen – die Übungen sind schwieriger zu meistern, als Sie vielleicht denken. Die einfachste Bewegung, wie zum Beispiel das richtige Hochziehen des Fußes, kann ohne Rückmeldung von außen schwierig zu lernen sein.

Pose-Übungen

Die Laufbewegung beginnt immer aus der Lauf-Pose, sie ist die einzige Position, die das Vorwärtsfallen ermöglicht. Sie erfordert ein labiles Gleichgewicht, wobei das Körpergewicht auf dem Fußballen ruht und der Support direkt unter der Hüfte ist. Die Pose-Übungen schulen Ihr Gleichgewicht und machen das Laufen effizienter.

Pose-Übungen für Anfänger

1 Die Lauf-Pose beidbeinig

Ziehen Sie am besten Ihre Schuhe aus und stellen Sie sich vor einen möglichst großen Spiegel. Beide Beine sollten leicht gebeugt sein, Sie stehen in einer S-förmigen Position. In dieser Position ist es sehr wichtig, die Fersen dicht am Boden zu lassen. Sie können den Boden sogar leicht berühren, solange Ihr Gewicht auf dem Fußballen bleibt. Federn Sie leicht auf und ab, bis Sie einen angenehmen Winkel in Ihren Knien gefunden haben. Springen Sie nicht, sondern halten Sie immer den Kontakt mit dem Boden. Ist der Kniewinkel zu klein, fühlen Sie die Spannung im Oberschenkel. Sind Ihre Beine dagegen zu sehr gestreckt, verlieren Sie das Gefühl von Elastizität. Spüren Sie den Druck auf Ihren Fußsohlen, das Gewicht sollte nur auf dem Fußballen ruhen – nicht auf den Zehen und auch nicht auf der Ferse. Die Wahrnehmung Ihres Körpergewichts auf dem Fußballen ist sehr wichtig für den weiteren Lernprozess, denn hier sollte Ihr Gewicht während der ganzen Laufbewegung sein.

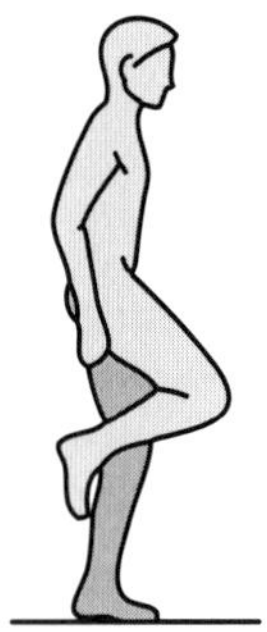

2 Die Lauf-Pose einbeinig

Nach dieser Vorübung sind Sie bereit, die Lauf-Pose zu lernen. Stehen Sie auf einem Bein mit Ihrem Gewicht auf dem Fußballen. Die Ferse berührt den Boden nur leicht. Ihr Körper ist in einer S-förmigen Position. Das freie Bein ist im Knie etwas mehr gebeugt als das Standbein, der Fuß ist etwas vom Boden entfernt.

Versuchen Sie, das Gleichgewicht in dieser Position mit so wenig Anstrengung wie möglich zu halten. Wenn Sie damit Schwierigkeiten haben, können Sie auch erstmal eine Wand, einen Stuhl oder einen Partner zu Hilfe nehmen. Wenn Sie sich in dieser Position wohlfühlen, beginnen Sie leicht auf und ab zu federn. Sie sollten die Elastizität Ihrer Muskeln spüren, nicht Ihre eigenen Anstrengungen – Ihr Körper sollte sich wie eine einzige Feder anfühlen.

Probieren Sie es jetzt einmal mit dem anderen Bein. Wundern Sie sich aber nicht, wenn Sie dort größere Schwierigkeiten mit dem Gleichgewicht haben: Die meisten Menschen wählen unbewusst zuerst Ihr dominantes Bein. Diese Asymmetrie ist völlig normal und wird sich mit der Zeit ausgleichen.

Pose-Übungen für Fortgeschrittene

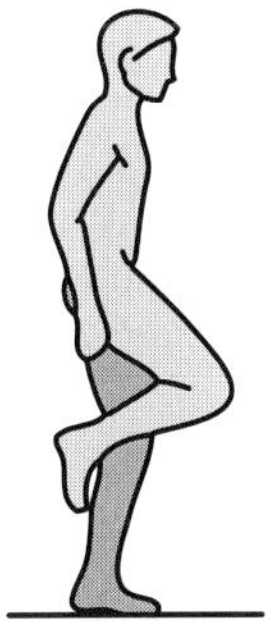

3 Die Lauf-Pose mit geschlossenen Augen

Wenn Sie in der Lauf-Pose die Augen schließen, ist es schwieriger, das Gleichgewicht zu halten, da die räumliche Orientierung nicht mehr vorhanden ist. Sie sollten ohne Anstrengungen perfekt im Gleichgewicht sein. Wenn Sie damit zu kämpfen haben, wissen Sie, dass es hier noch viel Spielraum zur Verbesserung gibt.

4 Die Lauf-Pose auf dem Medizinball

Stehen Sie in der Lauf-Pose auf einem Medizinball. Auch wenn dieser nicht so leicht unter Ihnen wegrollt, so verstärkt er doch jedes Ungleichgewicht in Ihrem Stand. Wenn Sie dabei eine Menge kleiner Muskeln spüren, die darum kämpfen, Sie in der Senkrechten zu halten, wissen Sie, dass Ihr Stand in der Lauf-Pose nicht so stabil ist, wie Sie gedacht haben. Sie sollten nicht nur in der Lage sein, die Lauf-Pose auf dem Medizinball zu halten, Sie sollten dabei vor allem völlig entspannt sein.

Fall-Übungen

Die Angst vor dem Fallen zu überwinden, ist die erste große Hürde auf Ihrem Weg zum Laufen mit Pose. Unsere ureigensten Reflexe schützen uns vor dem Fallen. Unser Gleichgewichtssinn sorgt dafür, dass wir unter allen Umständen auf unseren zwei Beinen bleiben. Für die ideale Lauftechnik brauchen wir jedoch beides: Wir müssen fallen und unser Gleichgewicht immer wieder herstellen.

Denken Sie an Leonardo da Vincis Worte! Schon vor 500 Jahren hat er beobachtet, dass Bewegung durch das Aufgeben von Gleichgewicht entsteht und dass die Tiere, die am besten fallen, auch am schnellsten laufen. Während Sie lernen zu fallen, werden Sie sehen, welches Potenzial darin steckt. Solange Sie auf der Stelle stehen, ist die Schwerkraft durch das Gleichgewicht auf dem Support direkt unter dem Körperschwerpunkt neutralisiert. Sie müssen den Körperschwerpunkt nur etwas in eine Richtung verlagern, um dieses Potenzial nutzbar zu machen.

Dieses Gefühl, dass Geschwindigkeit primär durch das Zulassen des Fallens und nicht durch rohe Kraft entsteht, ist entscheidend für die richtige psychische Struktur des Laufens mit Pose. Sie können nur schneller laufen, wenn Sie der Schwerkraft die Freiheit geben, Sie zu bewegen und nicht, indem Sie mit Ihren Muskeln stärker gegen sie ankämpfen.

Fall-Übungen für Anfänger

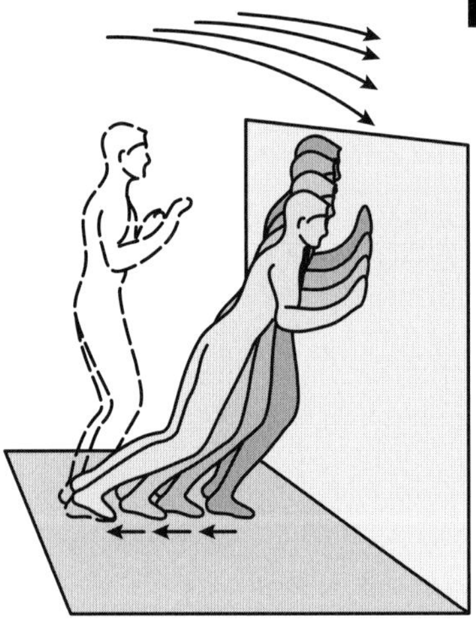

5 Fallen aus der beidbeinigen Lauf-Pose

Beginnen Sie in der beidbeinigen Lauf-Pose. Lassen Sie sich von hier aus vorwärtsfallen und fangen Sie sich an einer Wand auf. Stoßen Sie sich mit den Händen zurück und beginnen Sie von vorn.

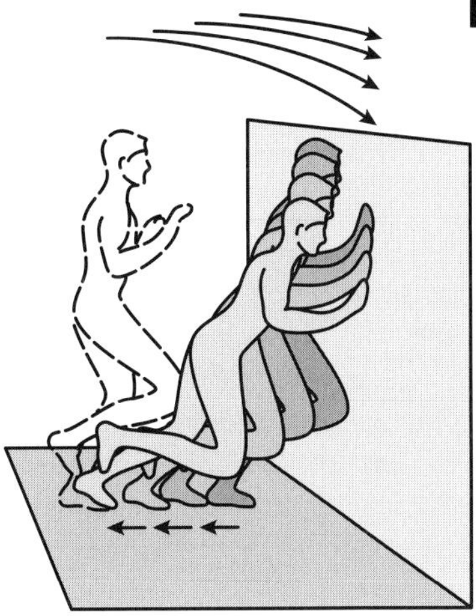

6 Fallen aus der einbeinigen Lauf-Pose

Beginnen Sie in der Lauf-Pose auf einem Bein. Lassen Sie sich von hier aus vorwärtsfallen und fangen Sie sich mit den Händen an der Wand auf. Beginnen Sie mit einem kleinen Fallwinkel, stellen Sie sich also relativ nah an die Wand, damit Sie die Bewegung kontrollieren können. Später können Sie den Fallwinkel Stück für Stück vergrößern.

7 Kreuzschritte

Stehen Sie mit leicht gebeugten Knien auf beiden Beinen, etwa schulterbreit auseinander. Ihr Gewicht ruht auf den Fußballen. Lehnen Sie sich ein wenig nach links und lösen Sie den rechten Fuß vom Boden – Sie fallen nach links. Stoppen Sie das Fallen nicht, sondern setzen Sie Ihren rechten Fuß über Kreuz vor Ihren linken; so können Sie weiter nach links fallen. Lassen Sie sich von der Schwerkraft ziehen, indem Sie die Bewegung mit schnellen Kreuzschritten fortsetzen.

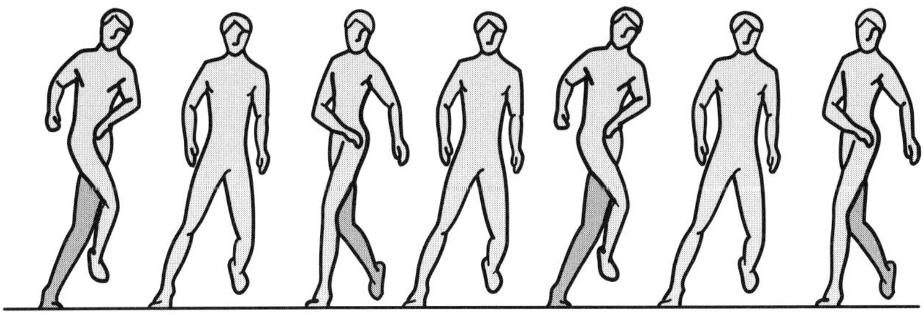

Der schnelle Wechsel des Supports verhindert, dass Sie das Gleichgewicht gänzlich verlieren. Sie werden erstaunt sein, wie schnell Sie sich auf diese Art bewegen können.

Sie können dabei nicht auf der Ferse landen und über den ganzen Fuß abrollen. Dadurch wird die Bodenkontaktzeit sehr kurz und Ihre Schrittfrequenz erhöht sich. Genauso wenig können Sie sich durch das Strecken der Knie oder Fußgelenke vom Boden abdrücken. Sie haben nur eine Option, die Sie vor dem Hinfallen bewahrt und gleichzeitig die Geschwindigkeit erhöht: schnellere Schritte machen.

Fall-Übungen für Fortgeschrittene

8 Laufen mit der Hand eines Partners auf dem Rücken

Ihr Partner legt seine Handfläche ganz leicht auf Ihren Rücken, während Sie laufen. Er soll Sie nicht schieben, das leichte Auflegen der Finger genügt. Versuchen Sie es für 10-15 Schritte. Können Sie fühlen, wie leicht es plötzlich geht? Ihr Partner hat Sie zwar nicht geschoben, aber er hat Ihnen eine bessere Wahrnehmung Ihrer Körperhaltung gegeben. Indem Sie unbewusst von der Hand Ihres Partners weggelaufen sind, haben Sie Ihre Haltung zu einer mehr nach vorn orientierten Position verändert – Sie sind besser gefallen!

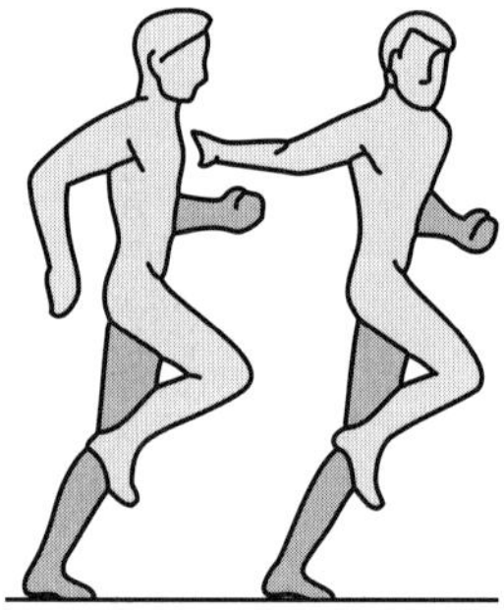

9 Laufen mit der Hand eines Partners vor der Brust

Ihr Partner läuft neben bzw. vor Ihnen und hält seine Hand vor Ihre Brust. Lehnen Sie sich nach vorn, um nahe an der Hand dran zu bleiben.

Zieh-Übungen

Das Ziel der Zieh-Übungen ist die Fokussierung Ihrer Konzentration und Anstrengungen auf eine Bewegung: das Hochziehen der Füße. Das klingt einfacher, als es ist. Sie verwenden wahrscheinlich viel Energie für das Vorwärtsschwingen Ihrer Beine oder für den Fußaufsatz, ohne es überhaupt zu bemerken.

Es ist offensichtlich, dass Ihr Fuß ganz von allein wieder auf den Boden kommt. Wo sollte er auch sonst hin? Die Kunst des Laufens ist es, die Füße präzise unter der Hüfte hochzuziehen.

Zieh-Übungen für Anfänger

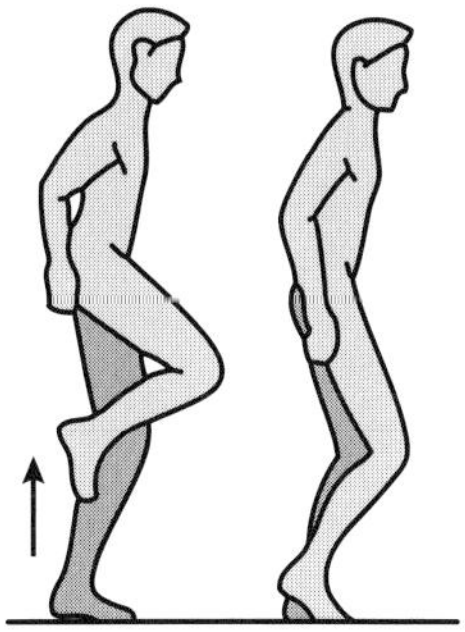

10 Fuß-Tapping

Beginnen Sie in der Lauf-Pose. Lassen Sie den freien Fuß locker zu Boden fallen, indem Sie einfach alle Muskeln entspannen. Ihr Gewicht bleibt immer auf dem anderen Bein. Sobald der Fuß den Boden berührt, ziehen Sie ihn sofort wieder unter der Hüfte nach oben. Aktivieren Sie dazu nur die Hamstrings! Wenn Sie ein Gefühl für die Bewegung bekommen, können Sie die Bewegungsamplitude erweitern und den Fuß immer höher ziehen. Es sollte Sie nur minimale Anstrengungen kosten, den Fuß bis direkt unter die Hüfte zu ziehen; die vordere Oberschenkelmuskulatur und die Hüftbeuger bleiben dabei vollkommen entspannt. Behalten Sie den Rhythmus bei und beschleunigen Sie nicht aktiv die Abwärtsbewegung. Bleiben Sie konzentriert, damit Sie nicht nach einigen Wiederholungen beginnen, den Fuß aktiv auf den Boden zu setzen.

Lassen Sie alle Muskeln nach dem kurzen Impuls der Hamstrings entspannt. Wenn Sie das richtig machen, wird Ihr Fuß auf dem Weg nach oben langsamer und nach unten wieder schneller werden. Sowohl das Abbremsen als auch das Beschleunigen sind keine aktiven Aktionen – sie sind das Resultat der Schwerkraft. Sie müssen die Bewegung nur durch einen kurzen Impuls einleiten, der Rest passiert ganz von allein.

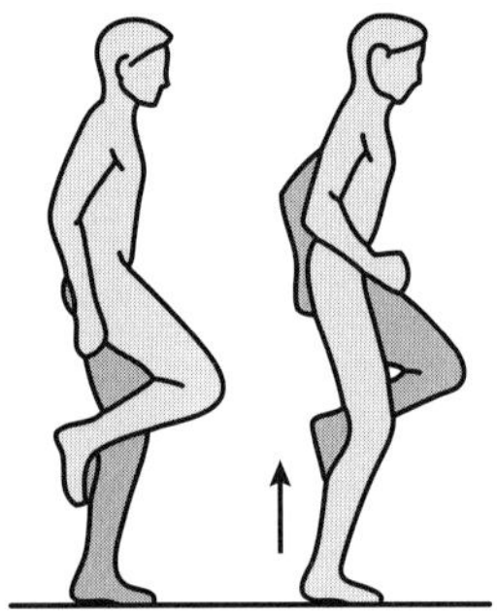

11 Wechsel des Supports

Beginnen Sie in der Lauf-Pose. Ziehen Sie den Standfuß direkt unter Ihrer Hüfte nach oben und überlassen Sie den anderen Fuß der Schwerkraft. Machen Sie eine kurze Pause und lassen Sie das Gefühl der Bewegung auf sich wirken: Sind Sie noch entspannt und haben Sie Ihren Fuß ganz locker zu Boden fallen lassen? Achten Sie immer wieder darauf, dass Sie die Abwärtsbewegung nicht aktiv forcieren.

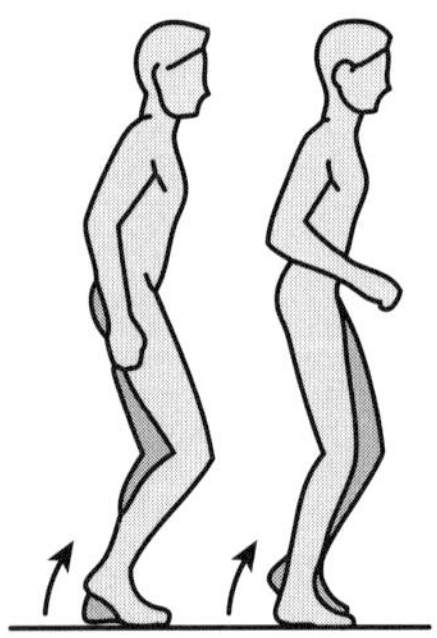

12 Pony

Beginnen Sie in der Lauf-Pose; beide Beine sind leicht gebeugt, der freie Fuß ist nur leicht angehoben. Heben Sie den Standfuß mit einer schnellen, kleinen Bewegung an und verlagern Sie gleichzeitig Ihr Gewicht auf den anderen Fuß; lassen Sie ihn locker zu Boden fallen. Konzentrieren Sie sich auf die folgenden Dinge, um es richtig zu machen:

1. Beginnen Sie jeden Wechsel mit dem Anheben des Standfußes, nicht mit dem Absetzen des freien Fußes.
2. Ziehen Sie den Standfuß senkrecht nach oben, nicht nach vorn oder nach hinten.
3. Verlagern Sie Ihr Gewicht ohne unnötigen Krafteinsatz.
4. Lassen Sie den freien Fuß locker zu Boden fallen.

Machen Sie zunächst nur einzelne Wechsel mit kurzen Pausen dazwischen, bleiben Sie dabei immer entspannt. Verkürzen Sie dann allmählich die Pause, bis Sie Ihr Gewicht flüssig und mühelos von einem zum anderen Fuß verlagern können.

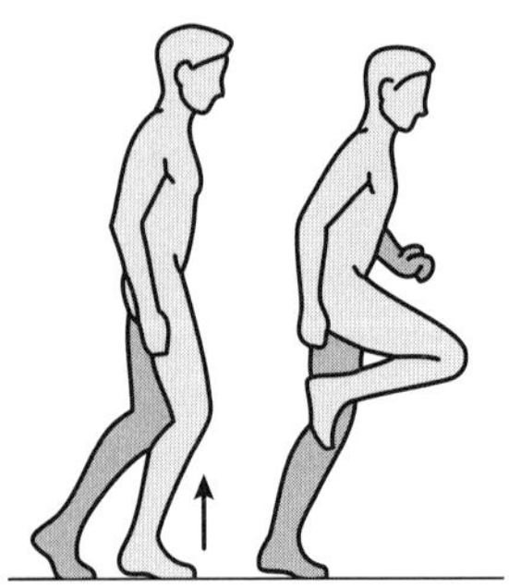

13 Front Lunge

In der Ausgangsposition befindet sich Ihr Gewicht auf dem vorderen Fuß, der hintere Fuß gibt Ihnen Stabilität und ein besseres Gleichgewicht. Verlagern Sie das Gewicht jetzt rhythmisch von einem zum anderen Fuß und ziehen Sie dabei den vorderen Fuß jedes Mal mit den Hamstrings unter der Hüfte hoch, ohne dabei andere Muskeln mit ins Spiel zu bringen. Die Position zwingt Sie förmlich dazu, mit Ihren Hamstrings zu arbeiten.

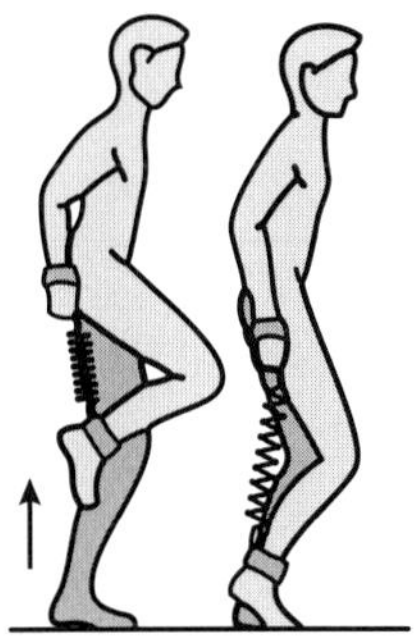

14 Fuß-Tapping mit Zugseil

Befestigen Sie ein Zugseil an einem Fußgelenk und halten Sie das andere Ende auf der gleichen Seite neben der Hüfte in der Hand. Stehen Sie in der Lauf-Pose auf dem Bein, das nicht mit dem Zugseil verbunden ist. Ziehen Sie den anderen Fuß wie beim normalen Tapping hoch und lassen Sie ihn wieder fallen. Das Zugseil hilft Ihnen dabei, den Fuß so schnell wie möglich hochzuziehen; es vermittelt Ihnen einen Eindruck davon, wie schnell Sie den Fuß vom Boden lösen können. Genau dieses Gefühl müssen Sie auch beim Laufen wiederfinden. Machen Sie 10-20 Wiederholungen auf einer Seite und versuchen Sie dann, eine kurze Strecke mit dem Zugseil an Ihrem Fuß zu laufen.

Zieh-Übungen für Fortgeschrittene

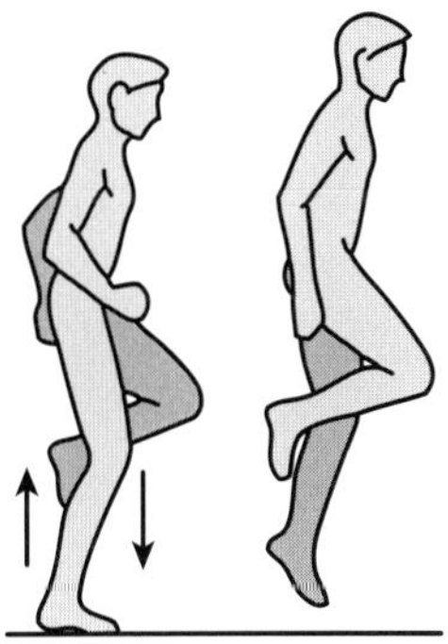

15 Skipping

Beginnen Sie in der Lauf-Pose auf beiden Beinen und springen Sie in dieser Position gleichmäßig und locker auf und ab. Dabei ziehen Sie immer einen Fuß senkrecht unter der Hüfte hoch und landen wieder mit beiden Füßen gleichzeitig auf dem Boden. Wechseln Sie die Füße ab: Ziehen Sie mal immer den rechten oder den linken Fuß nach oben, dann beide Füße im Wechsel. Wenn das gut klappt, können Sie das Tempo und die Intensität der Übung variieren.

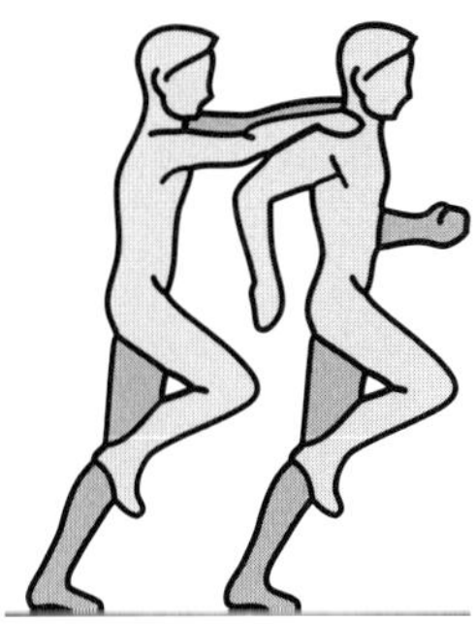

16 Laufen vor einem Partner

Laufen Sie mit einem Partner, der von hinten seine Hände auf Ihre Schultern legt. Synchronisieren Sie die Bewegungen. Damit schaffen Sie einen engen Rahmen, der verhindert, dass Ihre Beine zu weit hinter Ihren Körper kommen und Sie dazu zwingt, den Fuß gerade nach oben zu ziehen.

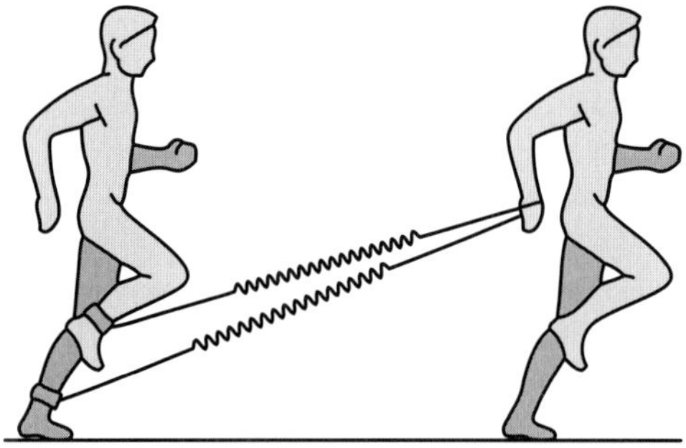

17 Laufen mit Zugseilen von vorn

Bei dieser Übung läuft Ihr Partner vor Ihnen und hält die Zugseile, die an Ihren Fußgelenken befestigt sind. Wenn er die Zugseile immer auf Spannung hält, können Sie Ihre Füße nicht zu weit hinter der Hüfte zurücklassen oder sie zu hoch ziehen. Machen Sie diese Übung über eine kurze Strecke, danach lässt Ihr Partner die Zugseile locker und Sie laufen noch ein Stück weiter, um den Unterschied in Ihrer Bewegung zu spüren.

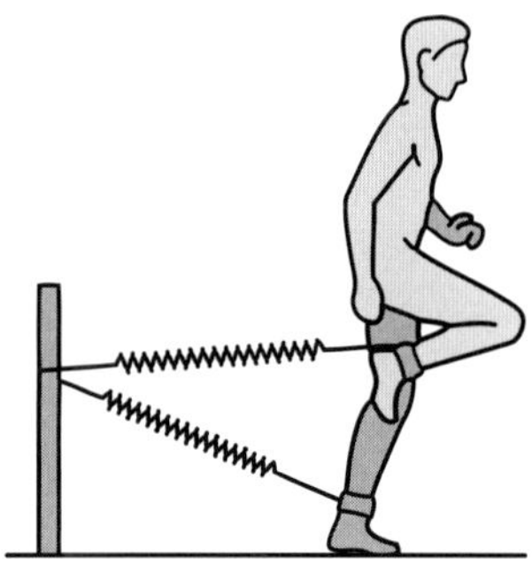

18 Wechsel des Supports mit Zugseilen

Befestigen Sie die Zugseile an Ihren Fußgelenken und fixieren Sie die anderen Enden hinter sich. Konzentrieren Sie sich auf das Hochziehen der Füße unter der Hüfte und halten Sie dabei das Gleichgewicht. Sie müssen das Gefühl haben, dass Sie den Standfuß bis zum anderen Fuß hochziehen, bevor dieser zu Boden fällt.

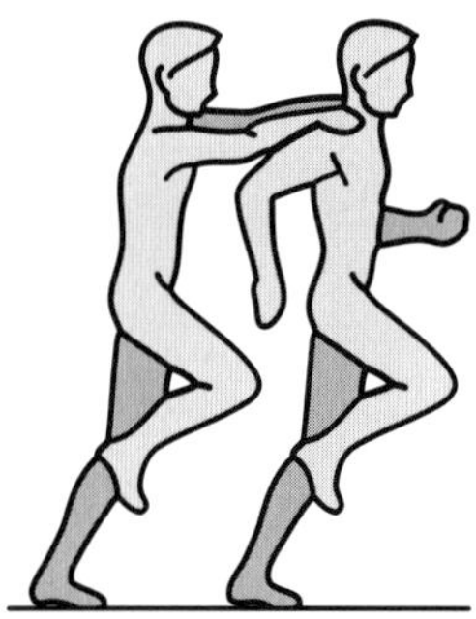

19 Laufen hinter einem Partner

Laufen Sie hinter Ihrem Partner und legen Sie die Hände auf seine Schultern. Das schränkt die Bewegung Ihrer Knie nach vorn ein: Ihr Partner fungiert sozusagen als vordere Begrenzung, wodurch Sie gezwungen sind, die Füße direkt unter der Hüfte hochzuziehen. Laufen Sie eine kurze Strecke hinter Ihrem Partner und prägen Sie sich ein, wie es sich anfühlt. Lösen Sie dann die Hände von den Schultern und laufen Sie genauso weiter wie vorher.

20 Hopping

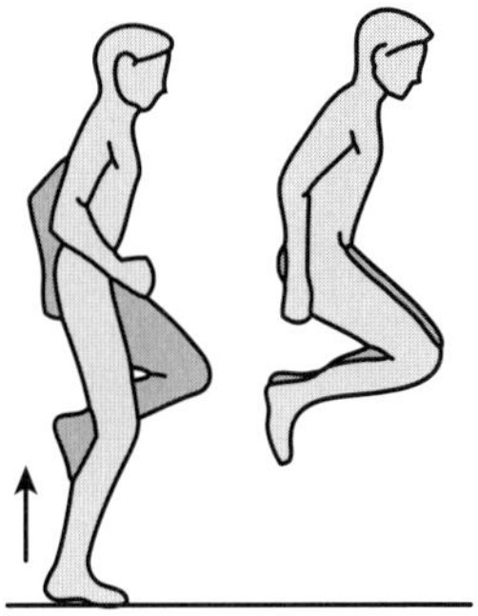

Beginnen Sie in der Lauf-Pose. Ziehen Sie den Standfuß explosiv senkrecht nach oben und lassen Sie ihn anschließend locker zurück nach unten fallen. Machen Sie diese Übung am besten barfuß auf einem weichen Untergrund, zum Beispiel auf Rasen, Sand oder einer Matte. Konzentrieren Sie sich auf die folgenden Punkte:

1. Genau wie beim Fuß-Tapping sollten auch hier alle Muskeln nach dem ersten Impuls der Hamstrings entspannt sein.
2. Versuchen Sie nicht, sich aus dem Unterschenkel heraus aktiv vom Boden abzudrücken. Ziehen Sie nur den Fuß nach oben.

Wenn Sie Probleme mit dem Gleichgewicht haben, können Sie am Anfang den freien Fuß leicht auf den Boden stellen, um sich auszubalancieren. Üben Sie das, bis Sie mit Ihrer Ferse den Po berühren können. Natürlich ist das eine übertriebene Bewegung, die nur dazu dient, ein neues Bewegungsmuster zu verinnerlichen. Beim Laufen versuchen Sie nie, Ihren Fuß so weit nach oben zu ziehen. Beginnen Sie mit dem Hopping erst, wenn Sie sich mit den vorherigen Übungen sehr wohlfühlen. Wenn Sie verkrampfen oder den Bewegungsrhythmus verlieren, machen Sie besser eine Pause.

Integrations-Übungen

Integration bedeutet, mehrere Elemente zu einem System zusammenzufügen. Die Integrations-Übungen fügen die Lauf-Pose, das Fallen und das Ziehen zu einem Bewegungssystem zusammen und vermitteln Ihnen die Eindrücke, die Sie während dem Laufen wahrnehmen sollten. Hören Sie auf die Geräusche beim Fußaufsatz: Mit einer guten Technik hören Sie nur ein leises Flüstern, das Laufen sollte sich sehr leicht anfühlen.

Wie bei allen Übungen mit Vorwärtsbewegung ist es wichtig, dass Sie sich nicht aktiv abdrücken und nicht die Beine nach vorn strecken. Laufen Sie nach jeder Übung eine kurze Strecke, um das Gefühl auf das Laufen zu übertragen.

Integrations-Übungen für Anfänger

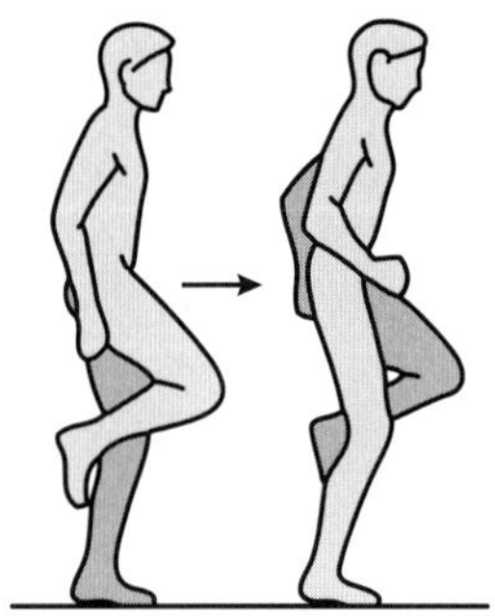

21 Wechsel des Supports vorwärts

Beginnen Sie mit dem Wechsel des Supports. Lehnen Sie sich dann etwas nach vorn, um das Fallen und damit die Vorwärtsbewegung einzuleiten, während Sie weiter den Support von einem Bein zum anderen wechseln.

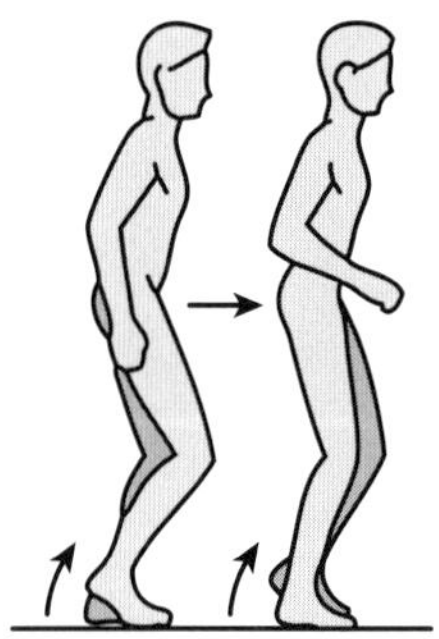

22 Pony vorwärts

Beginnen Sie mit dem Pony und lehnen Sie sich nach vorn. Halten Sie Ihre Füße dicht über dem Boden und nah beieinander. Sie sollten immer direkt unter der Hüfte bleiben.

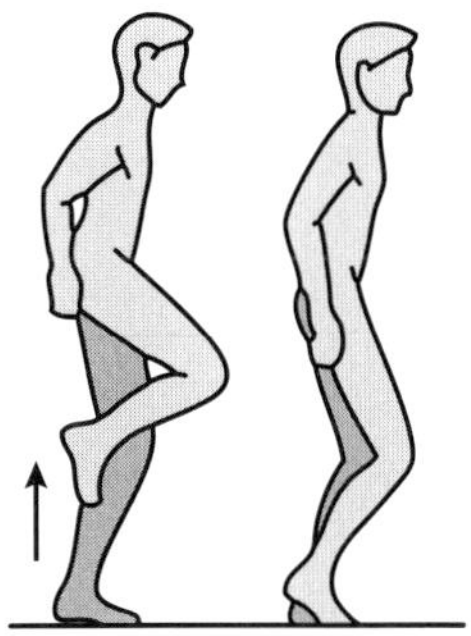

23 Fuß-Tapping vorwärts

Beginnen Sie mit dem Fuß-Tapping auf der Stelle. Lehnen Sie sich dann leicht nach vorn. Setzen Sie das Fuß-Tapping im gleichen Rhythmus fort, während Sie sich langsam nach vorn bewegen.

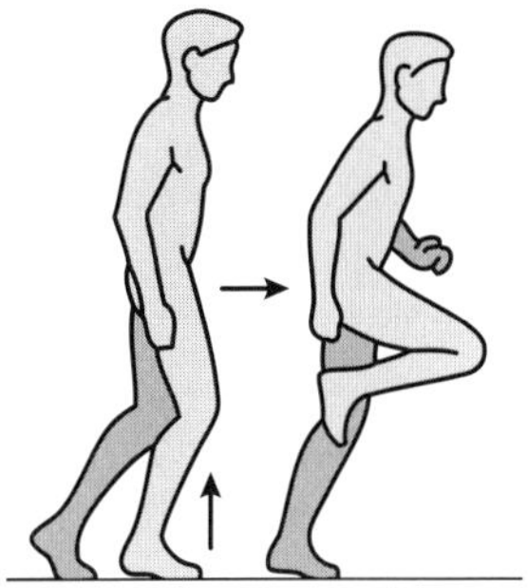

24 Front Lunge vorwärts

Beginnen sie mit dem Front Lunge auf der Stelle, bis Sie Ihren Rhythmus gefunden haben. Lehnen Sie sich leicht nach vorn und lassen Sie sich von der Schwerkraft ziehen.

25 Bergauf laufen

Konzentrieren Sie sich auf das schnelle Hochziehen Ihrer Füße. Drücken Sie sich nicht aktiv ab! Machen Sie kompakte Schritte und halten Sie Ihre Schrittfrequenz gleichmäßig hoch. Beginnen Sie an kurzen Anstiegen und variieren Sie später Länge und Grad der Steigung.

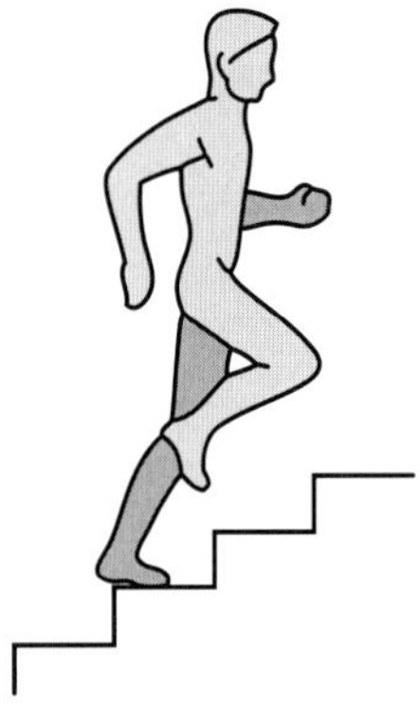

26 Treppen laufen

Diese Übung soll nicht zu einem brutalen Training auf den Treppen eines Stadions werden. Es ist eine Übung für Ihre Wahrnehmung. Beschränken Sie sich auf 15-20 Stufen und heben Sie Ihre Füße in einem gleichbleibenden Rhythmus an. Drücken Sie sich nicht ab und setzen Sie Ihre Füße nicht aktiv auf die Stufen. Laufen Sie leicht und rhythmisch über sie hinweg.

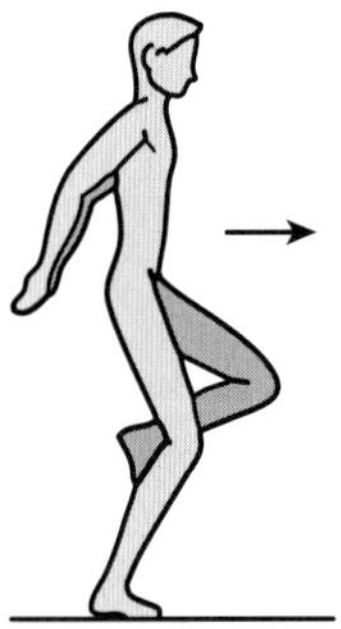

27 Laufen mit den Armen hinter dem Rücken

Ein überraschend effektives Mittel, um Ihre Bewegungsamplitude einzuschränken, ist es, die Arme hinter dem Rücken gestreckt nach unten hängen zu lassen und die Hände zu verschränken. Diese Übung schult daneben noch viele andere Aspekte Ihrer Technik: Sie können zum Beispiel den Schultergürtel nicht mehr zu stark rotieren. Auch das extreme Abrollen bis über die Zehen wird hiermit verhindert. Nutzen Sie diese Übung als Techniküberprüfung während längeren Läufen. Wenn sich Ihr Schritt dabei anders anfühlt, haben Sie vorher irgendetwas falsch gemacht.

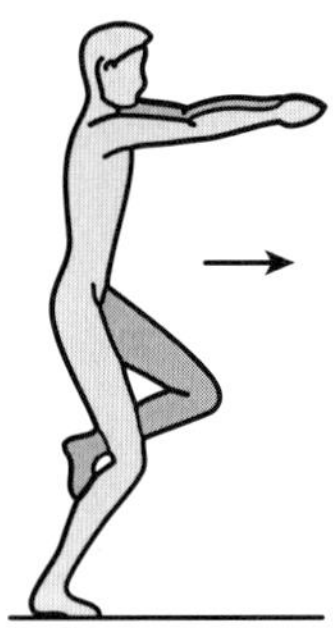

28 Laufen mit gestreckten Armen vor dem Körper

Eine der einfachsten Varianten herauszufinden, ob Ihr Oberkörper ruhig ist, ist folgende: Strecken Sie beim Laufen beide Arme gerade nach vorn, die Hände sind zur Faust geballt und liegen aneinander. Wenn Ihre Hände jetzt stark nach links und rechts tanzen, können Sie sicher sein, dass Sie zu viel mit den Beinen arbeiten.

29 Zugseile von den Füßen zur Hüfte

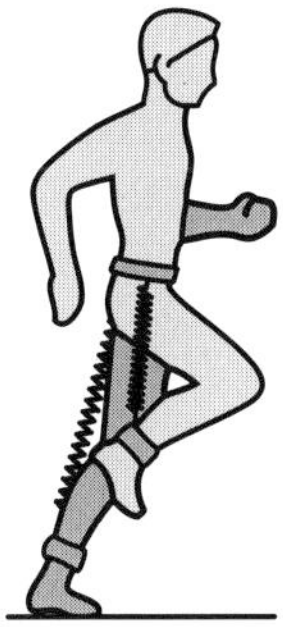

Für diese Übung (eigentlich eine ganze Reihe von Übungen) befestigen Sie die Zugseile von Ihren Fußgelenken an einem zweiten Band, das Sie um Ihre Hüfte legen. Die Zugseile sind eine Art Führung für Ihre Füße: Sie schaffen einen Weg des geringsten Widerstandes, der gerade nach oben und gerade nach unten geht. Jede Abweichung von diesem Pfad ist mit einem höheren Widerstand verbunden. So ausgestattet, können Sie viele der vorherigen Übungen machen: vom Fuß-Tapping über das Pony bis hin zum richtigen Laufen. Durch den gerade nach oben gerichteten Zug der Seile wird Ihr Fuß fast von allein an der richtigen Stelle landen – direkt unter Ihrer Hüfte.

Integrations-Übungen für Fortgeschrittene

30 Einbeiniges Skipping vorwärts

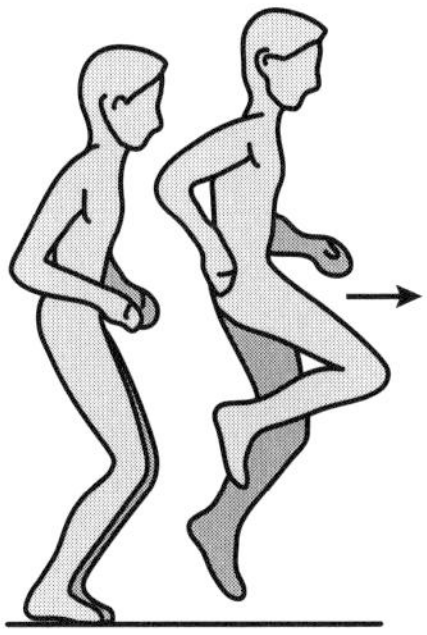

Beginnen Sie mit dem Skipping auf der Stelle, ziehen Sie immer den gleichen Fuß nach oben. Lehnen Sie sich nach vorn und behalten Sie denselben Rhythmus bei. Machen Sie die Übung auf beiden Seiten.

31 Beidbeiniges Skipping vorwärts

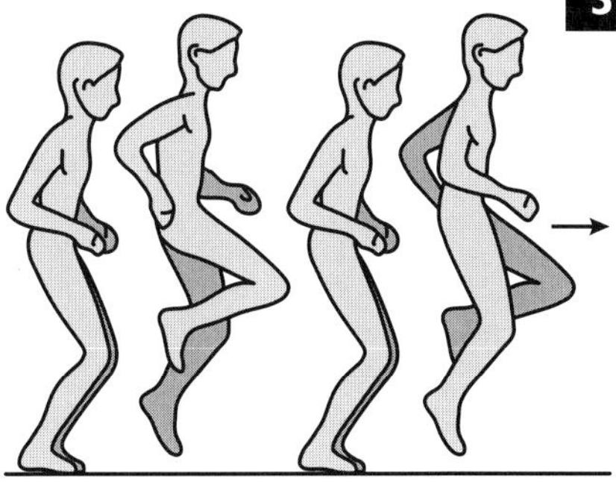

Beginnen Sie mit dem Skipping auf der Stelle, ziehen Sie die Füße im Wechsel nach oben. Lehnen Sie sich dann leicht nach vorn.

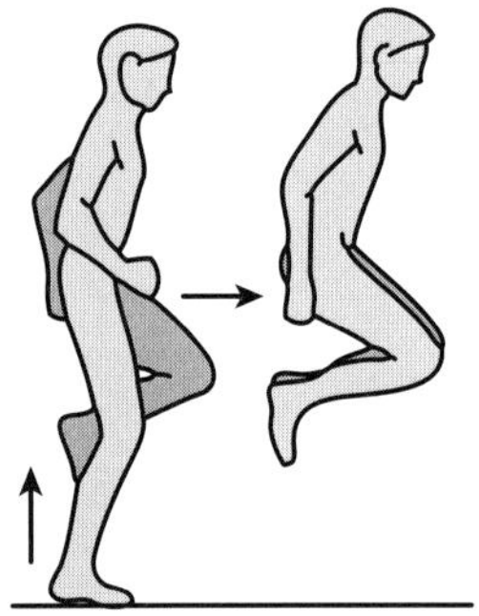

32 Hopping vorwärts

Beginnen Sie mit dem Hopping auf der Stelle und lehnen Sie sich leicht nach vorn. Diese Übung ist sehr anspruchsvoll. Sie sollten alle anderen Übungen gut beherrschen, bevor Sie sich an das Hopping vorwärts wagen. Machen Sie die Übung nicht, wenn Sie die Bewegung nicht flüssig und entspannt ausführen können.

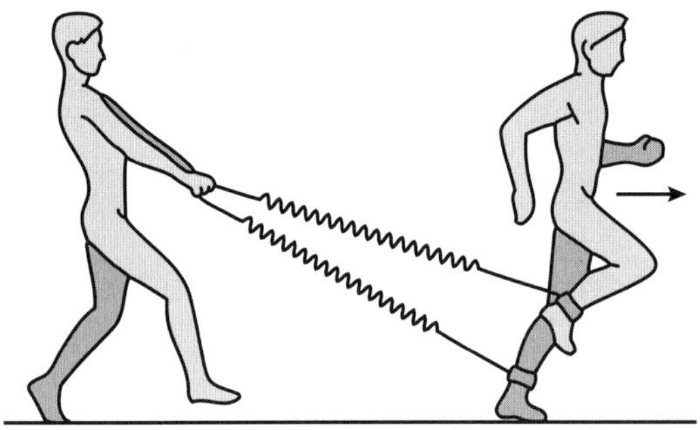

33 Laufen mit Zugseilwiderstand

Befestigen Sie die Zugseile an Ihren Fußgelenken. Ihr Partner läuft hinter Ihnen und kontrolliert die Spannung der Seile. Wenn Sie Ihre Füße rechtzeitig hochziehen, sollten die Zugseile immer gespannt bleiben.

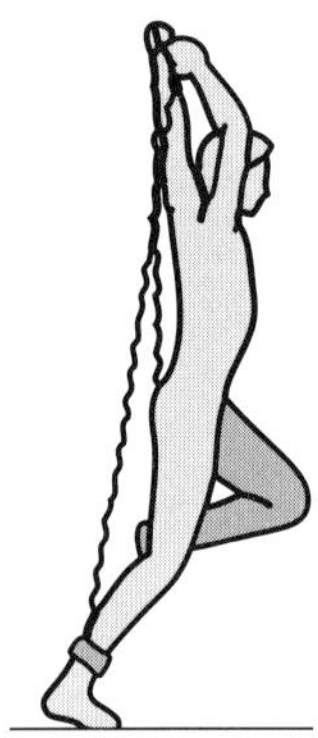

34 Laufen mit Zugseilen über dem Kopf

Befestigen Sie die Zugseile an Ihren Fußgelenken und halten Sie die anderen Enden mit beiden Händen über dem Kopf. Das hilft Ihnen dabei, die Füße rechtzeitig und direkt unter der Hüfte hochzuziehen.

5. Akt, 2. Kapitel

Krafttraining für Läufer

„Jede Kette ist nur so stark wie ihr schwächstes Glied."

Sprichwort

Als der Laufboom in den 70'er Jahren in Amerika aufkam, dachte keiner der vielen Freizeitläufer an ein ergänzendes Krafttraining. Ganz im Gegenteil: Die Laufbewegung stellte eine Alternative dazu dar. Um besser zu laufen, musste man nur mehr laufen – soweit die Theorie ...

In der Realität führte diese Trainingsphilosophie jedoch nicht zu schnelleren Zeiten: Unzählige Trainingskilometer mit schlechter Technik und ohne Kräftigung des ganzen Körpers hatten unweigerlich viele Verletzungen zur Folge. Es dauerte noch eine Weile, bis sich diese Erkenntnisse im Kreis der führenden Wissenschaftler und Trainer herumsprachen, doch letztendlich wurde die Bedeutung des Krafttrainings für die Verbesserung von Ausdauerleistungen im Laufsport unwiderruflich belegt.

Warum ist also das Krafttraining für die Pose-Methode so bedeutsam, wo doch die Schwerkraft der primäre Motor unserer Bewegung ist und wir nur die Füße vom Boden ziehen müssen? Wie kann das Krafttraining Ihre Laufleistungen verbessern?

Sie kennen bestimmt das alte Sprichwort: Jede Kette ist nur so stark wie ihr schwächstes Glied. Der menschliche Körper ist keine Ansammlung unabhängig voneinander arbeitender Muskeln, sondern ein eng miteinander verflochtenes System. Jede einzelne Faser Ihres Körpers ist wichtig für die Funktion des Gesamtsystems und leistet ihren spezifischen Beitrag zur Bewegung des ganzen Körpers. Ein Versagen an einer Stelle mindert die Leistung und führt letztendlich zum Zusammenbruch des ganzen Systems.

Stellen Sie sich eine alte Lokomotive vor. Die Übertragung der Kraft von der Maschine auf die Räder passiert durch eine einfache Mechanik, die eine Pleuelstange auf die Antriebsräder drückt – immer und immer wieder. Dieser einfache Mechanismus ermöglicht den Transport von schweren Lasten über Tausende von Kilometern, über die höchsten Berge und quer durch das ganze Land. Die Bewegung dabei ist sehr einfach und immer gleich, und trotzdem sind die Anforderungen an die Belastbarkeit der Mechanik gewaltig. Jedes einzelne Bauteil muss für die maximale Leistung ausgelegt sein, damit das Gesamtsystem funktioniert.

Auch in der Pose-Methode ist die primäre Bewegung – das Hochziehen der Füße vom Boden – sehr einfach, doch dafür muss Ihr gesamter Körper entsprechend trainiert sein. Um die ideale Technik bei hoher Geschwindigkeit und über viele Kilometer beibehalten zu können, bedarf es nicht nur Konzentration; der Körper muss auch in der Lage sein, das, was der Geist verlangt, auszuführen.

Kraft ist auch noch für eine andere Komponente zentral: Schnelligkeit. Schnelligkeit ist nicht nur etwas für Fußballspieler oder 100 Meter Sprinter – auch auf längeren Strecken ist sie eine wichtige Voraussetzung.

Schnelligkeit ist für zwei Aspekte entscheidend: erstens für die Zeit, die Sie brauchen, um den Fuß vom Boden zu ziehen, und zweitens für eine hohe Schrittfrequenz. Beide Elemente sind auf die Elastizität und die Kraft der Muskeln angewiesen. Je stärker sie sind, desto länger können Sie den schnellen Rhythmus einer zyklischen Bewegung aufrecht erhalten, insbesondere, wenn Sie dabei Ihr gesamtes Körpergewicht tragen müssen.

In den nächsten Kapiteln werde ich Ihnen spezifische Übungen vorstellen, die die ungleichen Muskelgruppen Ihres Körpers zu einem einzigen System verschmelzen lassen – bereit zum Laufen. Wenn Sie ohne genügend Kraft und Stabilität laufen, werden sich nach kurzer Zeit alle Anzeichen einer schlechten Technik einstellen: lang gezogene Schritte, schwerfällige Bewegungen und ein Gesichtsausdruck, der das psychoemotionale Unwohlsein widerspiegelt. Das Gegenteil sollte der Fall sein: Ruhe, Konzentration und schnelle, kompakte Schritte.

Ein laufspezifisches Krafttraining sollte folgende Übungen beinhalten, da sie die Basis für die ideale Lauftechnik legen:

1. Sprungübungen
2. Hüft-Übungen
3. Hamstring-Übungen

Die Muskelelastizität ist wichtig, um eine kurze Bodenkontaktzeit zu realisieren. Eine starke Hüftmuskulatur wird Ihre Fähigkeit zu fallen verbessern, und starke Hamstrings ermöglichen, die Füße schnell vom Boden zu ziehen und damit eine hohe Schrittfrequenz zu erreichen.

Das Krafttraining lässt sich in drei Phasen unterteilen: Kraftentwicklung, Krafterhaltung und Erholung. Sie können im Prinzip jede Übung in jeder Phase verwenden, aber die Intensität und die Zahl der Wiederholungen sollte entsprechend angepasst werden.

Die Phase der Kraftentwicklung enthält die größten Arbeitsumfänge, also die meisten Sätze, die höchste Intensität und die größte Schwierigkeit. In der Erhaltungsphase wird die Anzahl der Sätze und der Wiederholungen reduziert. In der Erholungsphase dagegen machen Sie mehr Wiederholungen und mehr Sätze, dafür aber mit geringer Intensität und Schwierigkeit.

Die Kraftentwicklungsphase sollten Sie unterschiedlich gestalten, je nachdem, ob Sie bereits Erfahrung mit dieser Art von Krafttraining haben oder ob Sie diese Übungen zum ersten Mal machen. Im zweiten Fall sollten Sie das Training vorsichtig angehen und sich langsam an die neue Belastung gewöhnen. Obwohl die Entwicklungsphase normalerweise den größten Umfang beinhaltet, sollten Sie dann die Intensität und die Schwierigkeit der Übungen über mehrere Monate hinweg steigern.

Wenn Sie das nächste Mal in diese Phase kommen, können Sie die Übungen von Anfang an mit höherer Intensität in Angriff nehmen. Dasselbe gilt übrigens, wenn Sie eine längere Pause vom Krafttraining hinter sich haben: Auch in diesem Fall sollten Sie das Pensum langsam wieder steigern.

Während der Entwicklungsphase sollten Sie das Krafttraining zwei bis drei Mal pro Woche in Ihren Trainingsplan integrieren. Auch für die Phase der Krafterhaltung sollten Sie zwei bis drei Mal pro Woche anstreben, jedoch können Sie die Übungen hier bereits mit anderen Trainingseinheiten verknüpfen.

Wenn Ihr Lauftraining die größten Umfänge oder die höchste Intensität erreicht, ist es Zeit für die Erholungsphase. Machen Sie die Übungen dann am besten nach dem Lauftraining. Das hilft dabei, die Muskeln wieder auf ein normales Aktivitätsniveau zurückzubringen und beugt gleichzeitig Verspannungen und Muskelkater vor, die Ihnen das intensive Lauftraining sonst bescheren würde.

Phase I: Kraftentwicklung

Setzen Sie in der Entwicklungsphase in jeder der zwei bis drei Trainingseinheiten einen Schwerpunkt auf einen Teil des Körpers. Die erste Einheit könnte sich auf die Beine konzentrieren, die zweite auf den Oberkörper und die dritte auf den Hüftbereich. Nach der Einheit mit dem Schwerpunkt auf den Beinen sollten Sie einen Ruhetag einplanen, damit sich Ihr Körper erholen und von dem Training profitieren kann, bevor die nächste Laufeinheit ansteht.

Das Schlüsselwort dieser Phase heißt „Ent wicklung" – dafür müssen Sie sich die entsprechende Zeit geben. Viele Läufer betrachten einen Ruhetag als eine verschenkte Trainingsmöglichkeit; machen Sie nicht diesen Fehler! Erst durch die Ruhe kann Ihr Körper von einer Trainingseinheit oder einer Serie von Trainingseinheiten profitieren. Wenn Sie Ihrem Körper diese Gelegenheit nicht geben, sondern ihn Tag für Tag neu fordern, kann sich Ihr Training nicht voll auszahlen. Wenn Sie das lange genug praktizieren, wird ein Punkt kommen, an dem Ihr Körper unter der Trainingslast und Ihren Erwartungen zusammenbricht. Erholung ist genauso wichtig wie Training!

Machen Sie in der Entwicklungsphase bis zu zehn Wiederholungen pro Satz mit steigender Intensität. Abhängig von der Art der Übung variiert die Anzahl der Sätze von einem bis zu fünf – zum Beispiel bei manchen Sprungübungen.

Sehen Sie die Übungen nicht als stupides, mechanisches Training an: Auch Ihr Kopf sollte immer bei der Sache bleiben und in den Körper hineinhorchen. Arbeiten Sie bis zu dem Punkt, an dem Sie eine deutliche Spannung in den Muskelgruppen spüren, die in der Übung involviert sind, aber gehen Sie nicht bis zu ihrem Versagen. Mit etwas Erfahrung können Sie die Grenzen Ihres Körpers bald sehr genau einschätzen, während sich Ihre Fähigkeiten immer weiter verbessern.

Phase II: Krafterhaltung

Auch in der Krafterhaltungsphase widmen Sie sich am besten in jeder Einheit einer Körperregion, aber jetzt können Sie die Übungen mit Ihrem Lauftraining kombinieren. Lockern Sie zum Beispiel einen längeren Lauf auf, indem Sie auf halbem Wege an einer geeigneten Stelle ein paar Minuten Pause machen und Übungen integrieren.

Reduzieren Sie die Intensität der Übungen im Vergleich zur Entwicklungsphase und bleiben Sie bei etwa zehn Wiederholungen pro Satz. Machen Sie nicht mehr als drei Sätze pro Übung und beschränken Sie die Anzahl verschiedener Übungen. Variieren Sie sie lieber von Einheit zu Einheit.

Durch die Verbindung von Kraft- und Lauftraining nutzen Sie Ihre Zeit effektiver und Ihre Trainingseinheiten werden abwechslungsreicher. Anstatt einfach eine Stunde vor sich hin zu laufen, teilt sich Ihr Training in mehrere Abschnitte: Laufen Sie zum Beispiel die erste Hälfte in einem entspannten Tempo, unterbrechen Sie den Lauf dann mit einer Reihe verschiedener Übungen und konzentrieren Sie sich auf der zweiten Hälfte auf ein schnelleres Tempo. Auf diese Weise bekommt jeder Abschnitt des Trainings einen bestimmten Zweck.

Phase III: Erholung

Wenn Sie die Wettkampfperiode erreichen, geht das Krafttraining in die Erholungsphase über. Zu dieser Zeit laufen Sie weniger Umfänge, dafür aber mit umso höherer Intensität. Nutzen Sie hier die Übungen zum Ende Ihrer Laufeinheiten zum „Cooldown", um Ihre Muskeln auf ein normales Aktivitätsniveau zurückzubringen.

Wenn Sie nach sehr intensiven Läufen einfach stehen bleiben und direkt unter die Dusche gehen, werden Ihre Muskeln immer noch zittern, Ihre Nerven feuern und Ihr Stoffwechsel ist auch noch auf volle Belastung eingestellt. Um den Übergang vom Training zum alltäglichen Leben zu erleichtern, sollten Sie normales Gehen mit den Kraftübungen verbinden. Machen Sie einfache Übungen mit geringer Intensität und hohen Wiederholungszahlen.

Im Vergleich zur Kraftentwicklungsphase, in der Sie dem muskulären Versagen nahe gekommen sind, sollten Sie jetzt genau das Gegenteil fühlen. Hören Sie auf Ihren Körper und spüren Sie, wie sich Ihre Muskeln zu erholen beginnen. Nutzen Sie diese Chance zur Erholung, solange Sie Ihre Sportsachen anhaben – aktive Erholung ist immer besser, als einfach auf die Couch zu fallen.

Besonders nach Wettkämpfen ist die Versuchung groß, sich sofort auf das Buffet und das Freibier zu stürzen, obwohl es in dieser Situation besonders wichtig wäre, den Körper von der hohen Belastung auf die Entspannung vorzubereiten. Laufen oder gehen Sie sich locker aus und machen Sie die Erholungsübungen – kümmern Sie sich um Ihren Körper!

In der Regel sollte die Entwicklungsphase in Ihre Saisonvorbereitung fallen, die Erhaltungsphase in die frühe Saison und die Erholungsphase in die Wettkampfsaison. Das sind jedoch keine starren Regeln – unser Leben und unser Training verlaufen nur selten so vorhersehbar. Entscheiden Sie mit gesundem Menschenverstand, wann welche Phase für Sie angemessen ist und ändern Sie Ihre Planung, wenn Ihnen Verletzungen, Krankheiten oder einfach das Leben dazwischenkommen.

Wenn zum Beispiel Ihre zwei wichtigsten Wettkämpfe weit auseinander liegen, macht es durchaus Sinn, nach dem ersten Wettkampf für einige Wochen zur Entwicklungsphase zurückzukehren, bevor Sie sich ganz gezielt auf den zweiten Wettkampf vorbereiten.

Unabhängig davon, wie Sie Ihr Training letztendlich im Detail planen, der wichtigste Punkt ist folgender: Wenn es Ihnen wirklich ernst damit ist, Ihre Leistung zu steigern, dann betrachten Sie das Krafttraining nicht als Zugabe oder als Luxus, für den Sie gegebenenfalls keine Zeit oder keine Lust haben. Es ist ein integraler Bestandteil Ihres Lauftrainings. Machen Sie Ihre Zufriedenheit mit dem Training nicht allein an den gelaufenen Kilometern fest, sondern an einem sinnvollen Zusammenspiel aller Trainingsformen, die Sie in diesem Buch kennenlernen werden.

5. Akt, 3. Kapitel

Sprungübungen

„Das Ganze ist mehr als die Summe seiner Teile."
Aristoteles

Das Training der Elastizität Ihrer Muskeln ist ein wichtiger Baustein zur Verbesserung Ihrer Laufleistungen. Sie werden merken, wie es Ihnen Stück für Stück leichter fällt, eine hohe Schrittfrequenz beizubehalten – ein deutliches Zeichen für eine verbesserte Effizienz der Bewegung.

Die hier vorgestellten Sprungübungen kosten nicht viel Zeit. Lassen Sie sich dadurch nicht verleiten, am Anfang zu viel auf einmal zu machen. Steigern Sie den Übungsumfang allmählich und achten Sie vor allem immer darauf, dass Sie die Übungen richtig machen! Auch wenn die Übungen einfach aussehen, können sie Ihnen Muskelkater und sogar Verletzungen bescheren, wenn sie nicht sorgfältig und mit voller Konzentration gemacht werden. Steigern Sie die Wiederholungszahl erst, wenn Sie die Übung beherrschen.

Auch wenn wir diese Übungen „Sprungübungen" nennen, geht es dabei nicht darum, besonders hoch zu springen. Das Ziel der Übung besteht darin, die Elastizität der Muskeln und Sehnen auszunutzen, nicht darin, sich aktiv vom Boden abzudrücken. Halten Sie die Knie dabei immer leicht gebeugt!

Die Übungen sind in zwei Schwierigkeitsgrade aufgeteilt. Innerhalb dieser Kategorien sollten Sie immer zuerst die Sprünge auf der Stelle lernen, bevor Sie mit Sprüngen in verschiedene Richtungen beginnen. Bei diesen Übungen lehnen Sie sich zusätzlich leicht zu der Seite, zu der Sie sich bewegen wollen.

Um die Schwierigkeit der Übungen zu erhöhen, können Sie zusätzliche Gewichte einsetzen (Stangen, Hanteln, Gewichtsmanschetten). Diese Übungen stellen höhere Anforderungen an die Koordination und Präzision der Bewegung und tragen zudem stärker zur Kraftentwicklung bei. Mit Seilen, Kästen, Medizinbällen oder Gummibändern können Sie die Übungen, die Sie bereits kennen gelernt haben, variieren und den Schwierigkeitsgrad weiter erhöhen. Achten Sie genau wie beim Laufen darauf, dass Ihr Gewicht bei allen Übungen auf dem Fußballen bleibt. Damit bereiten Sie Ihren Körper optimal auf den Fußaufsatz auf dem Ballen vor.

Sprungübungen für Anfänger

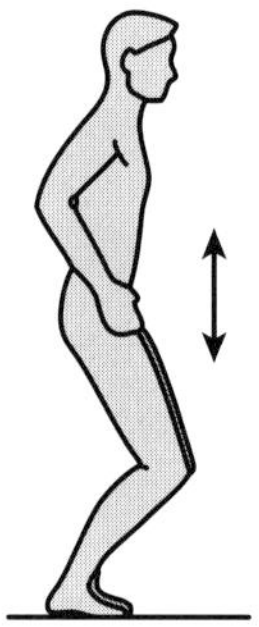

1

Sprünge auf beiden Füßen in S-förmiger Körperhaltung

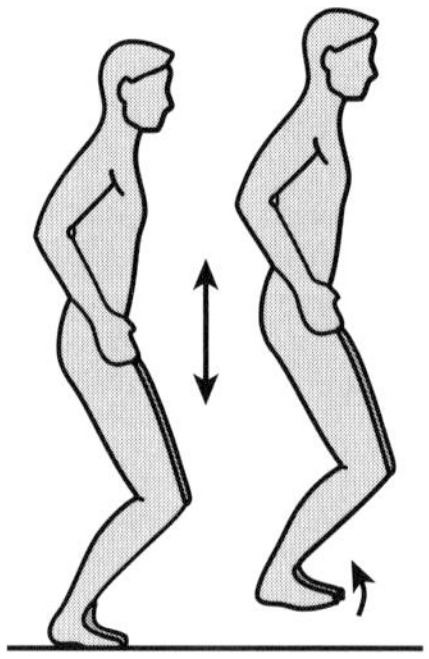

2

Sprünge auf beiden Beinen in S-förmiger Haltung mit nach oben gezogenen Zehen

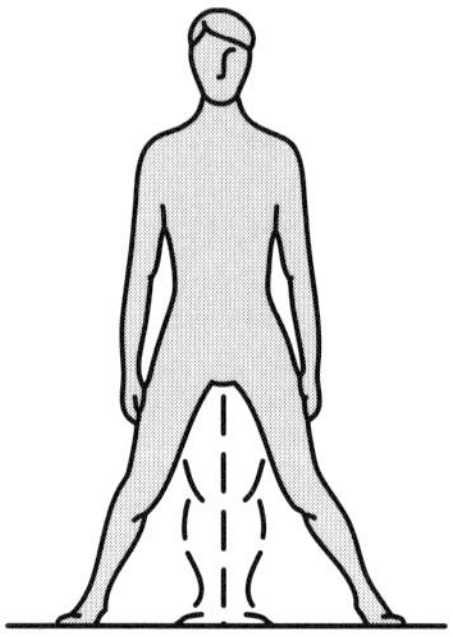

3

Sprünge mit Zusammen- und Auseinandersetzen der Füße

4

Sprünge aus der S-förmigen Haltung in den Ausfallschritt

5

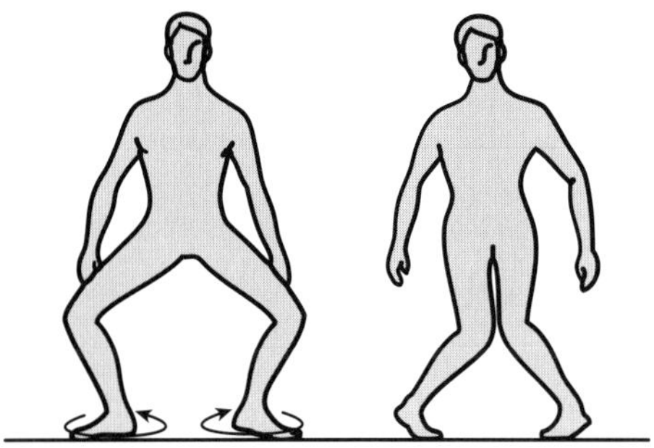

Sprünge auf beiden Beinen, die Füße werden einwärts und auswärts gedreht

6

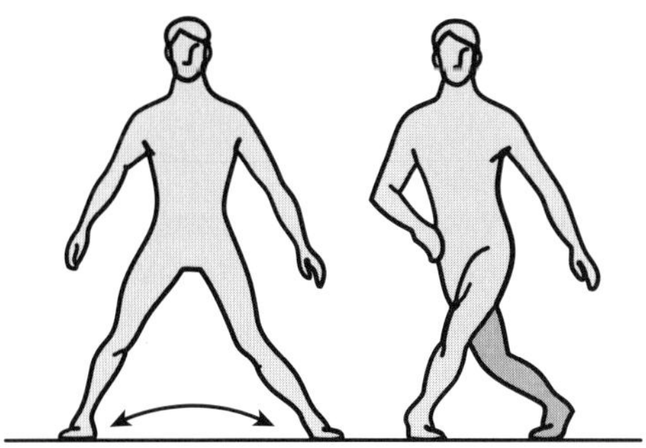

Sprünge mit Überkreuzen der Beine

7

Sprünge mit Verdrehung in der Hüfte, die Füße und Beine bleiben immer zusammen

8

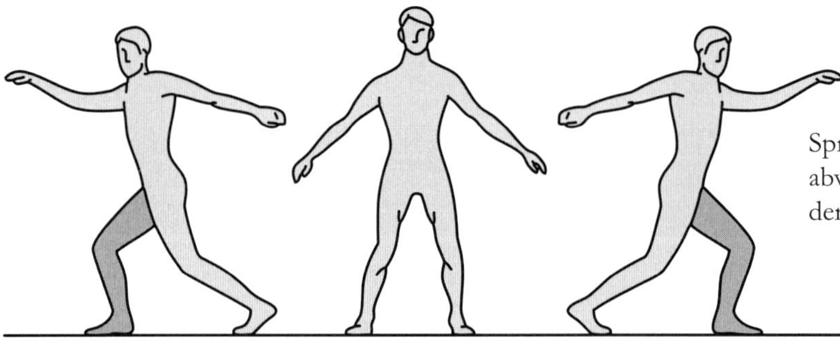

Sprünge mit abwechselndem Eindrehen der Füße

9

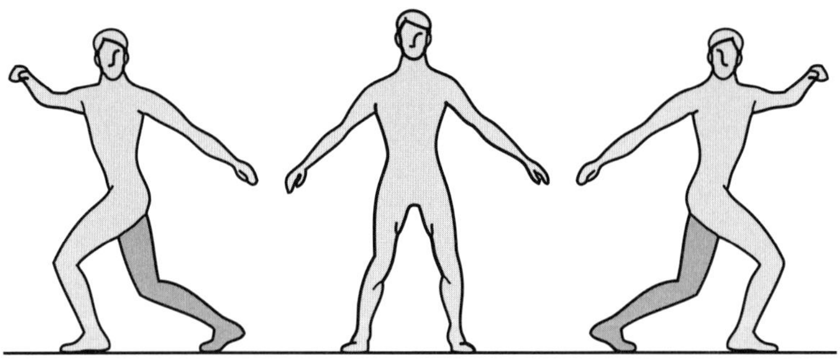

Sprünge mit Verdrehung in der Hüfte und Überkreuzen der Beine

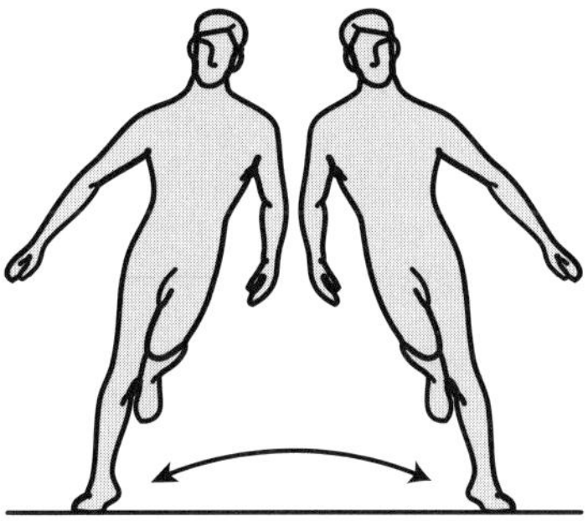

10

Sprünge mit Verlagerung des Gewichts von einem Bein zum anderen

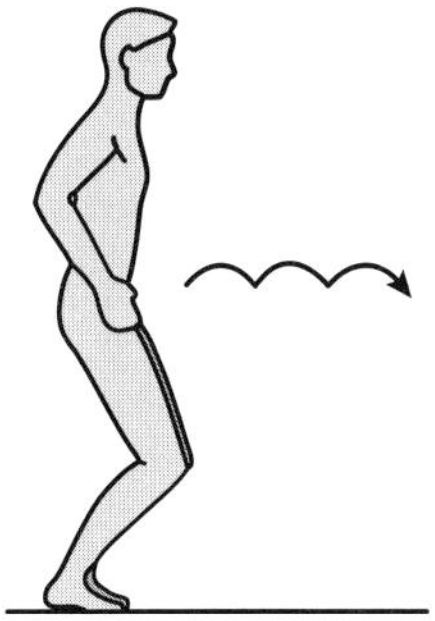

11

Sprünge auf beiden Beinen nach vorn

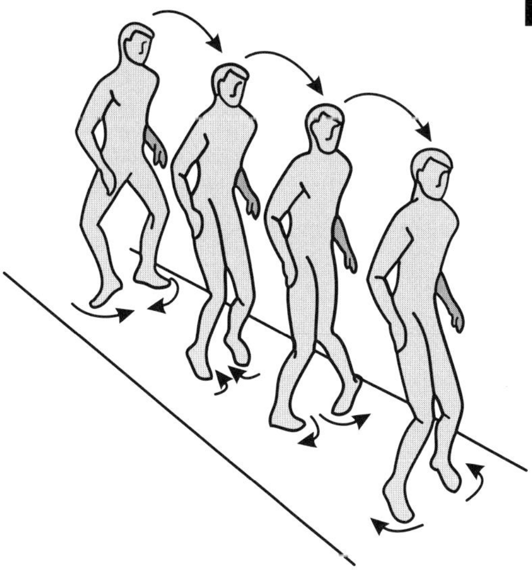

12

Sprünge nach vorn mit Ein- und Auswärtsdrehen der Füße

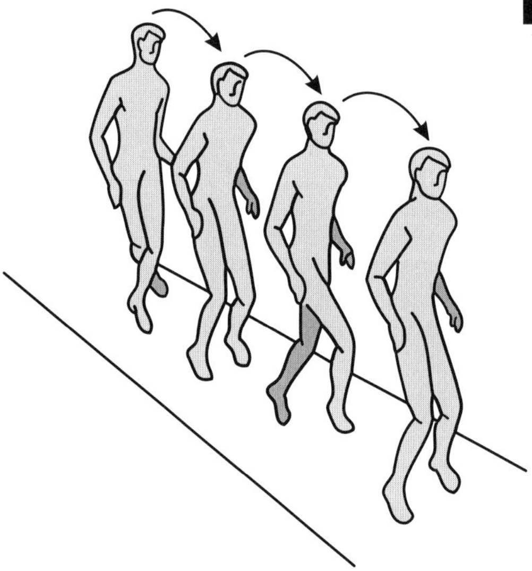

13

Sprünge nach vorn mit Überkreuzen der Beine

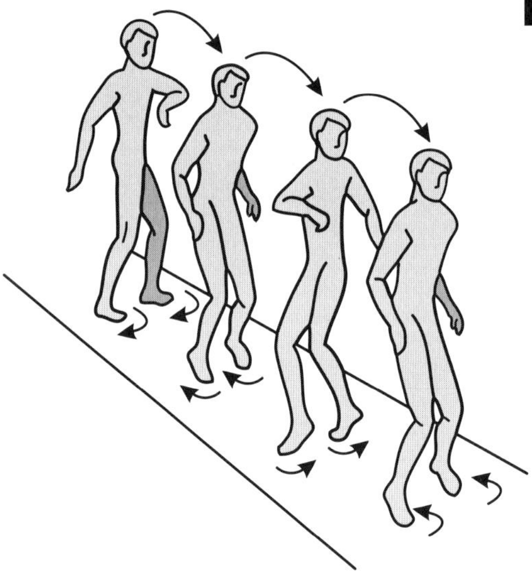

14

Sprünge nach vorn mit Verdrehen der Füße zu beiden Seiten

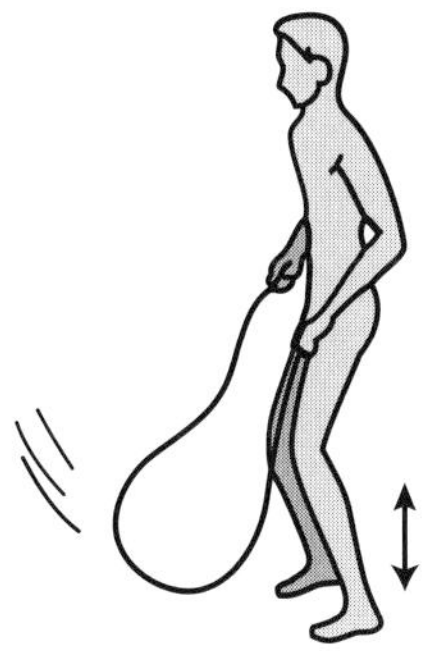

15

Seilspringen auf beiden Beinen

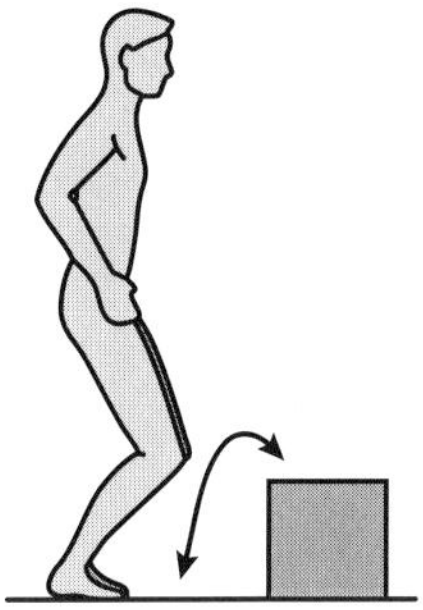

16

Sprünge auf und von einem Kasten mit beiden Beinen

Sprungübungen für Fortgeschrittene

17

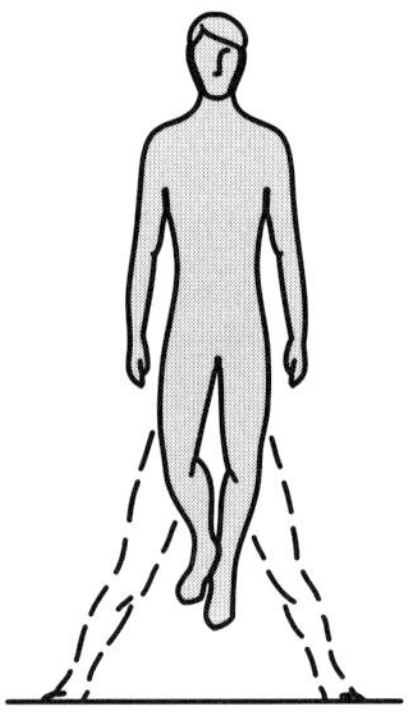

Sprünge nach oben mit Berührung der Füße in der Luft

18

Sprünge im Ausfallschritt von einer Seite zur anderen

19

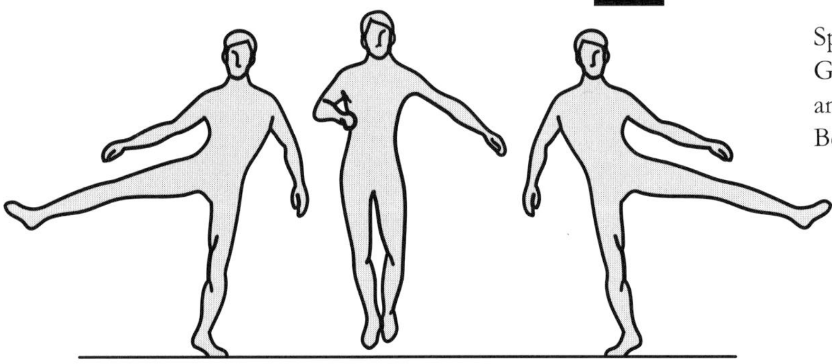

Sprünge mit Verlagerung des Gewichts von einem Bein zum anderen und Pendeln des freien Beins zur Seite

20

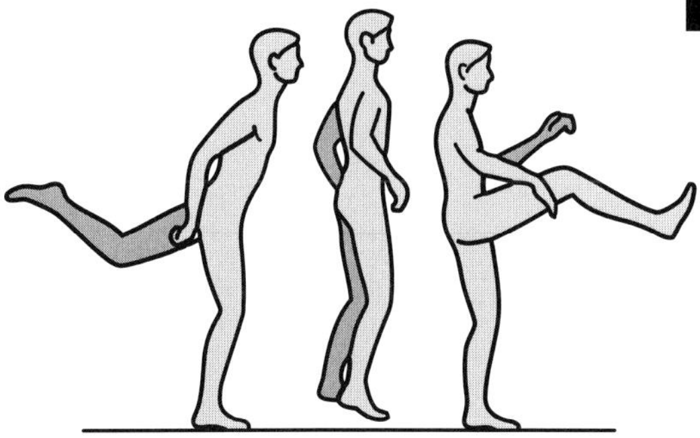

Sprünge mit Verlagerung des Gewichts von einem Bein zum anderen und Pendeln des freien Beins nach vorn und nach hinten

21

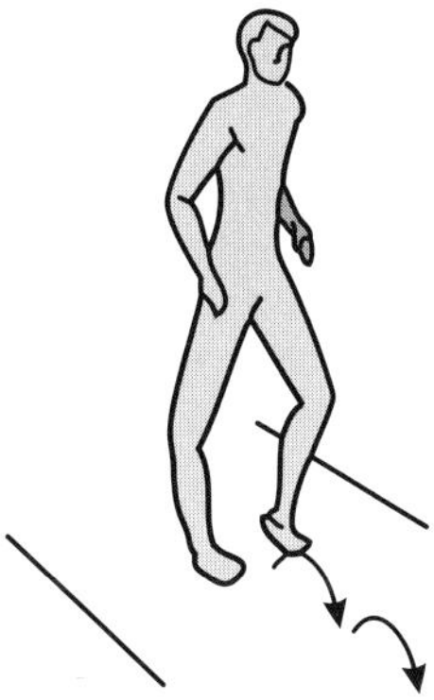

Sprünge nach vorn auf den Außenseiten der Füße

22

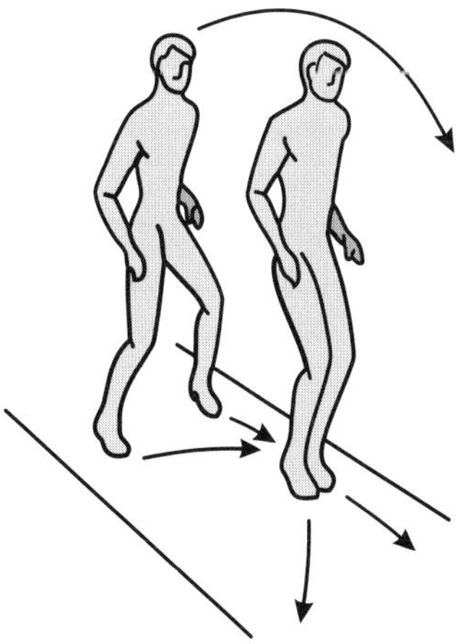

Sprünge nach vorn mit Berührung der Füße in der Luft

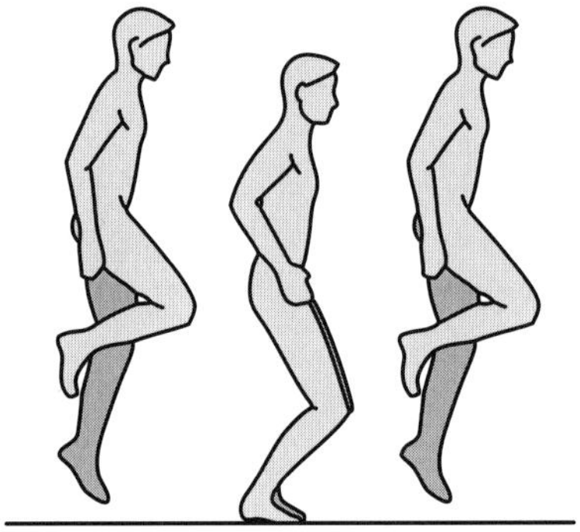

23

Sprünge auf einem Bein

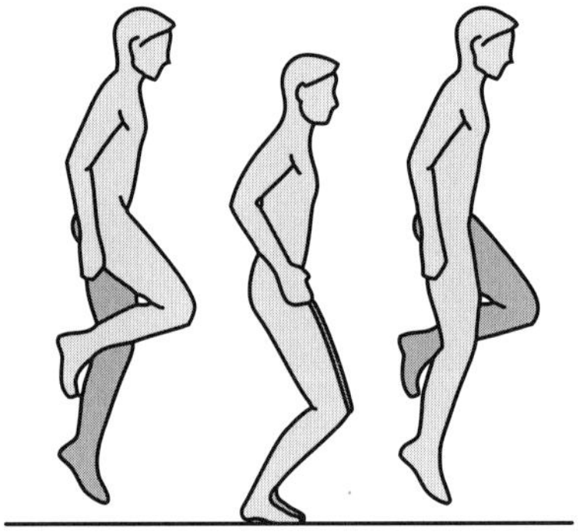

24

Wechselsprünge von einem zum anderen Bein

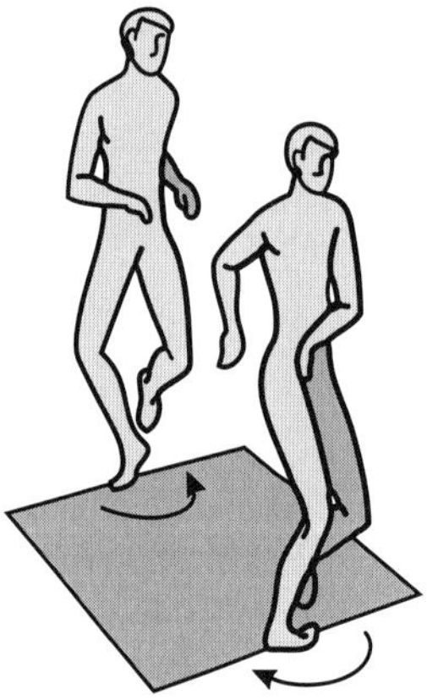

25

Sprünge nach vorn auf einem Bein mit Ein- und Auswärtsdrehung des Fußes

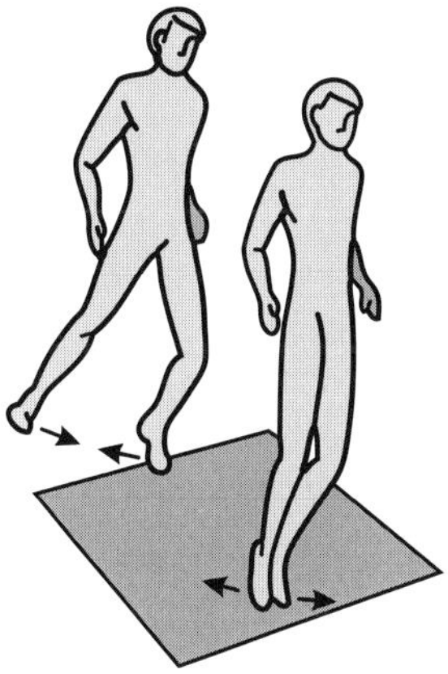

26

Sprünge nach vorn auf einem Bein, das andere Bein in Seithalte

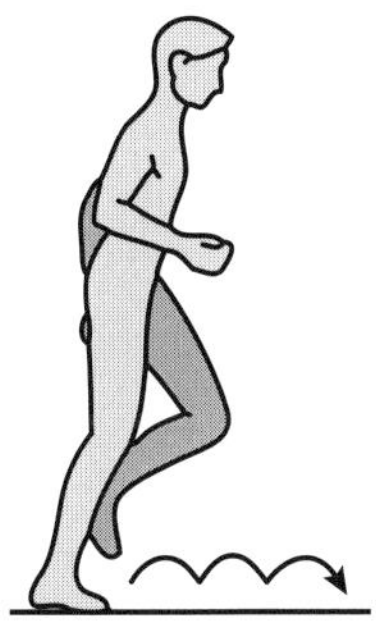

27

Sprünge nach vorn auf einem Bein

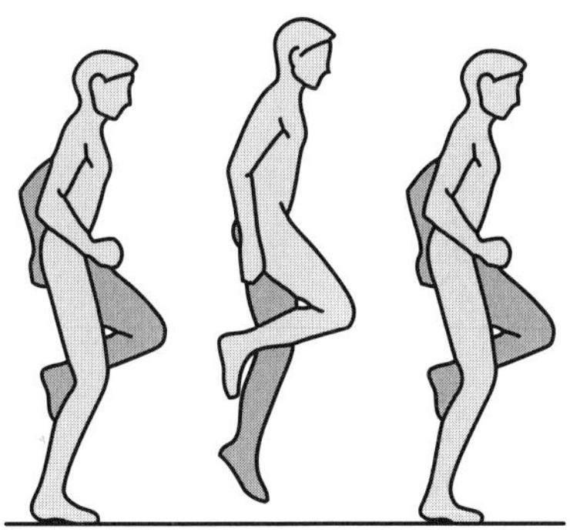

28

Sprünge nach vorn in der Lauf-Pose von einem Bein zum anderen

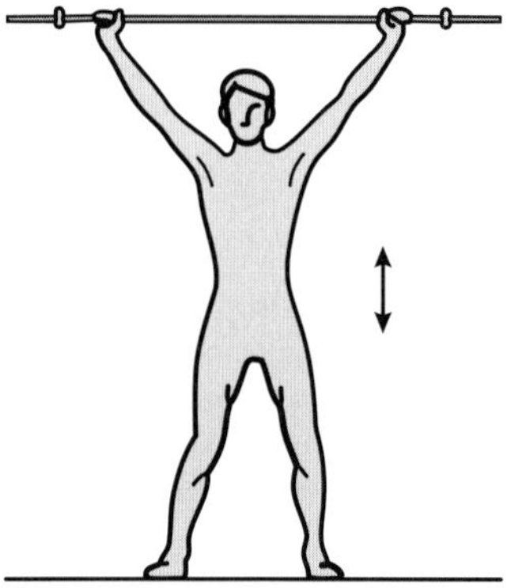

29

Sprünge auf beiden Beinen mit der Stange über dem Kopf

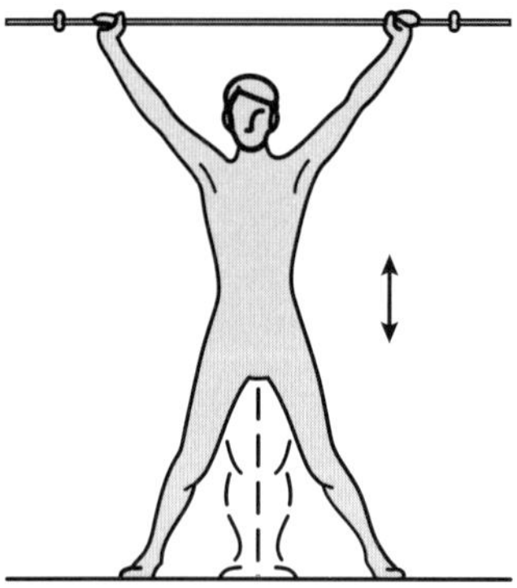

30

Sprünge mit Auseinander- und Zusammensetzen der Füße und Stange über dem Kopf

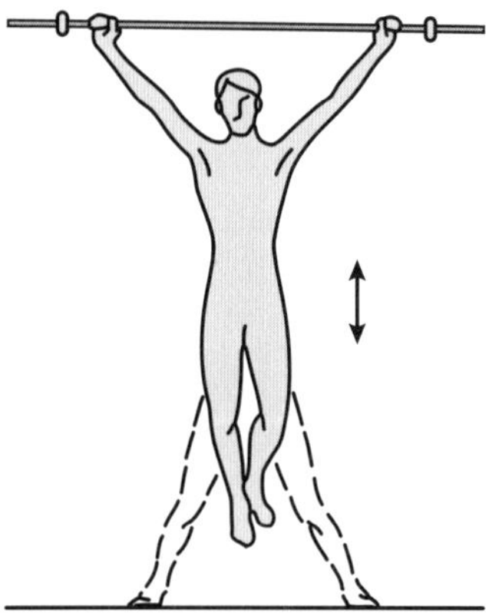

31

Sprünge mit Stange über dem Kopf, die Füße berühren sich in der Luft

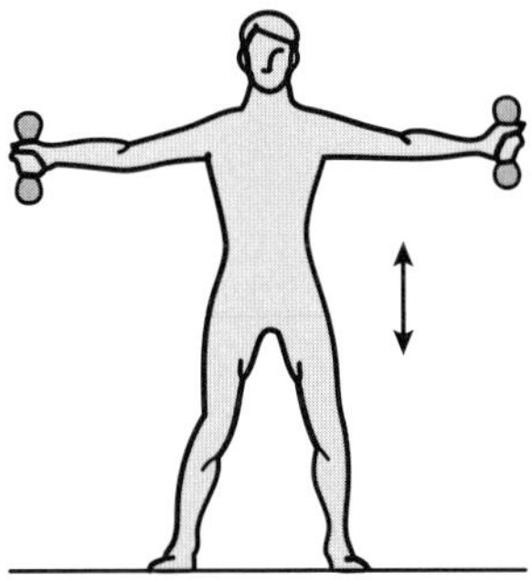

32

Sprünge auf beiden Beinen mit Hanteln

33

Sprünge mit Stange im Ausfallschritt von einer Seite zur anderen

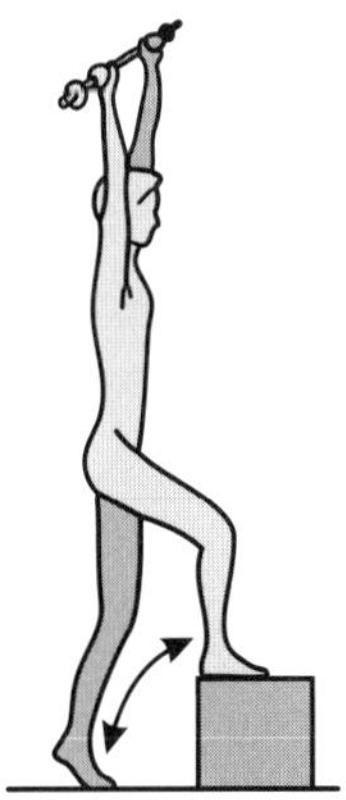

34

Sprünge mit Stange, die Füße wechseln zwischen Boden und Kasten

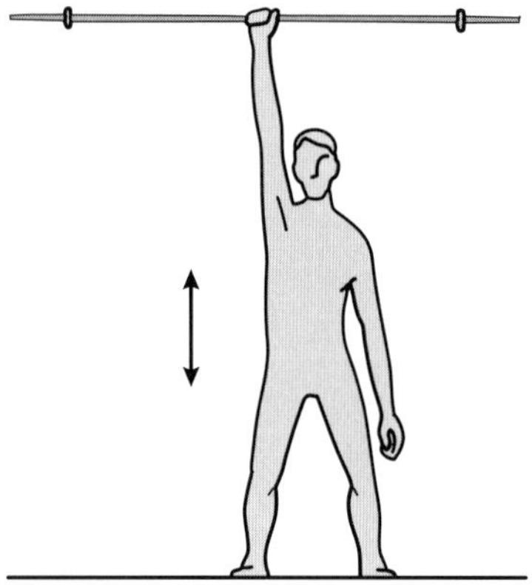

35

Sprünge auf beiden Beinen mit der Stange in einer Hand

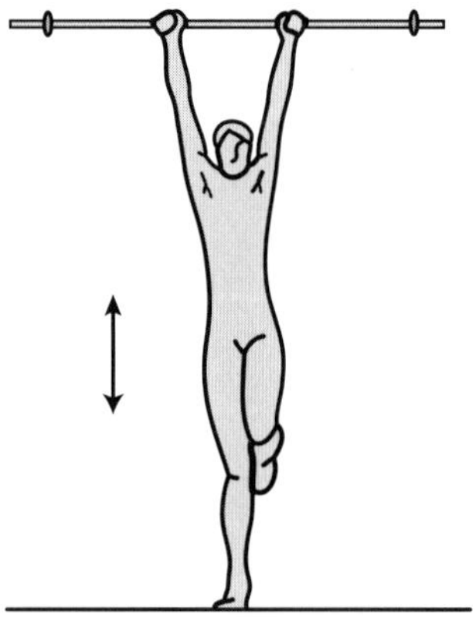

36

Sprünge auf einem Bein mit der Stange in beiden Händen

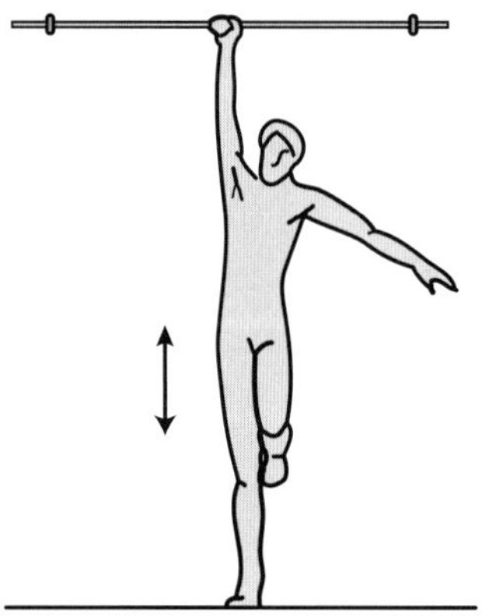

37

Sprünge auf einem Bein mit der Stange in der Hand auf der gleichen Seite

38

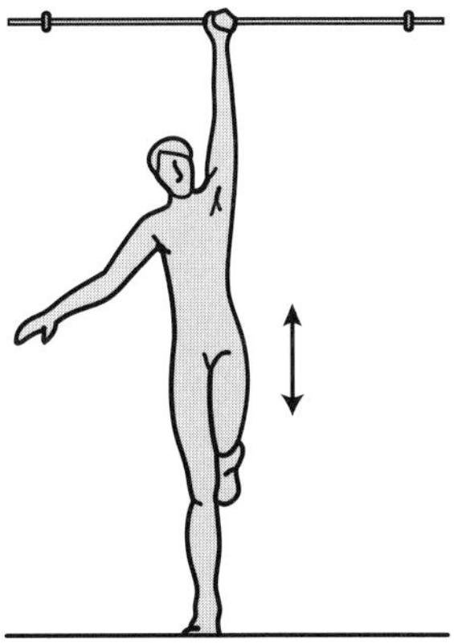

Sprünge auf einem Bein mit der Stange in der Hand auf der anderen Seite

39

Sprünge mit Stange von und auf zwei Kästen

40

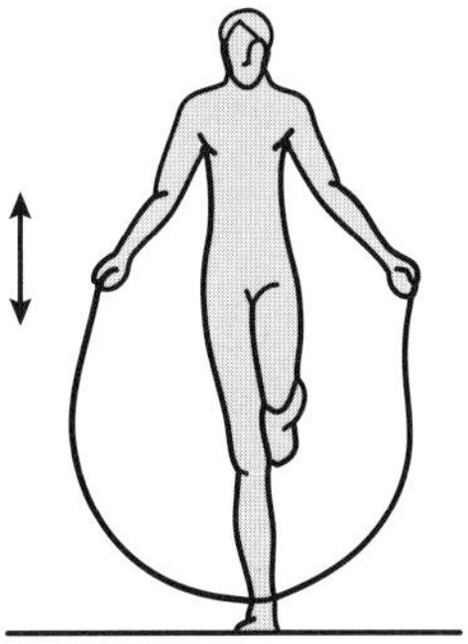

Seilspringen auf einem Bein

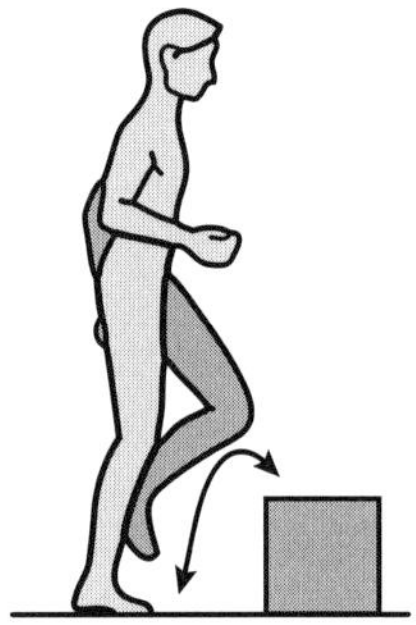

41

Sprünge auf und von einem Kasten mit einem Bein

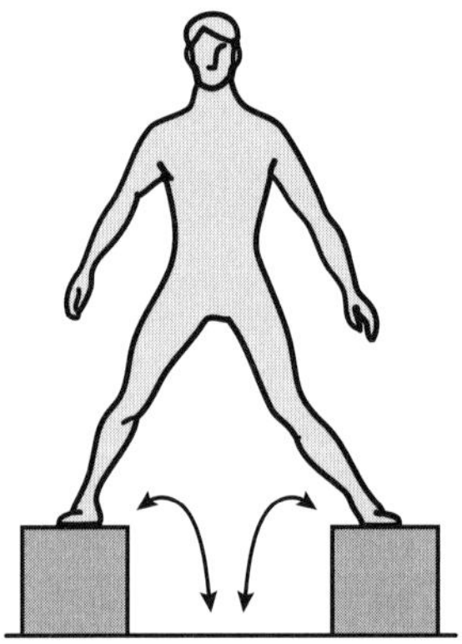

42

Sprünge auf und zwischen zwei Kästen mit beiden Beinen

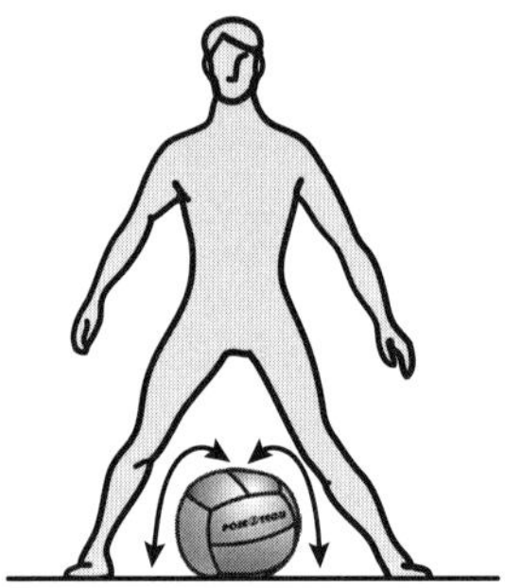

43

Sprünge auf und von einem Medizinball mit beiden Beinen

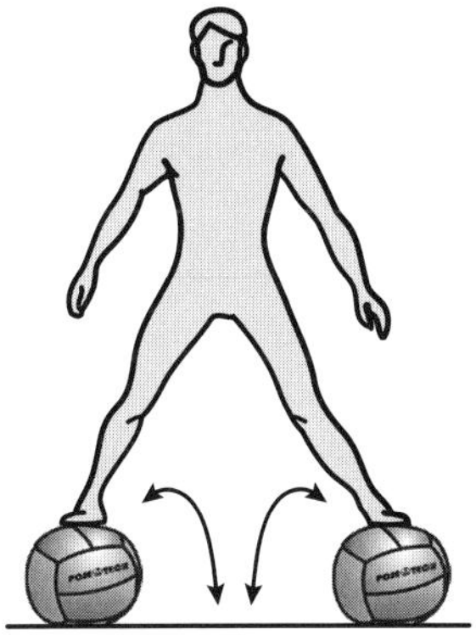

44

Sprünge auf und zwischen zwei Medizinbällen

45

Sprünge über mehrere Medizinbälle auf beiden Beinen

46

Sprünge über Hürden mit beiden Beinen

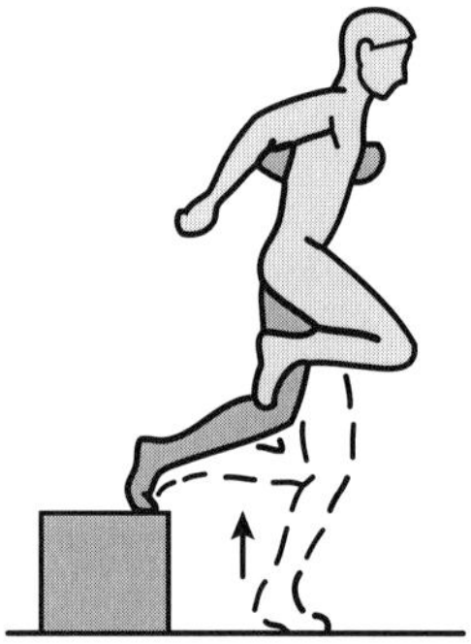

47

Sprünge auf einem Bein mit dem anderen Bein auf einem Kasten

48

Sprünge auf einem Bein mit dem Widerstand eines Zugseils

5. Akt, 4. Kapitel

Hüft-Übungen

„Das Leben gewährt uns Sterblichen nichts ohne harte Arbeit."
Horaz

Durch die biomechanische Position der Hüfte beeinflusst die sie umgebende Muskulatur maßgeblich die Bewegung unseres Körpers als Ganzes – deshalb sind diese Übungen so wichtig. Die Hüfte spielt eine Rolle als Brücke zwischen Beinen und Oberkörper. Ihre Stabilität und Stärke bereiten den Boden für einen effizienten Bewegungsfluss durch unseren Körper und sind außerdem das Fundament für die Last, die unsere Beine tragen müssen. Wenn dieses Fundament gut trainiert ist, reduziert es die Belastung des unteren Rückens beträchtlich.

Die Hüft-Übungen im Stehen und im Knien schulen Ihr Gleichgewicht für das Laufen und trainieren gleichzeitig die Muskeln im Hüftbereich. Die Übungen auf dem Boden isolieren die Bewegung der Hüfte. So können Sie sich ganz auf die dynamische Bewegung dieses Teils Ihres Körpers konzentrieren. Bei den Übungen in Seitlage wird Ihr Gleichgewicht stärker gefordert, und die Kraft und die Koordination wird weiter entwickelt.

Alle diese Übungen stärken Ihr Bewusstsein für die Bedeutung der Hüfte in jeder Bewegung. Je nachdem, auf wie viele Punkte Sie sich stützen und in welchem Maße Ihr Körpergewicht mit einbezogen wird, variiert der Schwierigkeitsgrad der Übungen.

Die Stabilität, die Sie mit den einfachen Übungen entwickelt haben, wird später durch die Partnerübungen wieder gestört. Sie werden zu ständigen Korrekturen gezwungen, um die Bewegung perfekt auszuführen. Der Partner kann den Widerstand genau so dosieren, wie Sie ihn gerade brauchen – je nach Intensität, Bewegungsrichtung, Geschwindigkeit und Ihrem Können. Aufgrund des höheren Schwierigkeitsgrades sollten Sie die Übungen mit Partner erst beginnen, wenn Sie sie allein beherrschen.

Hüft-Übungen für Anfänger

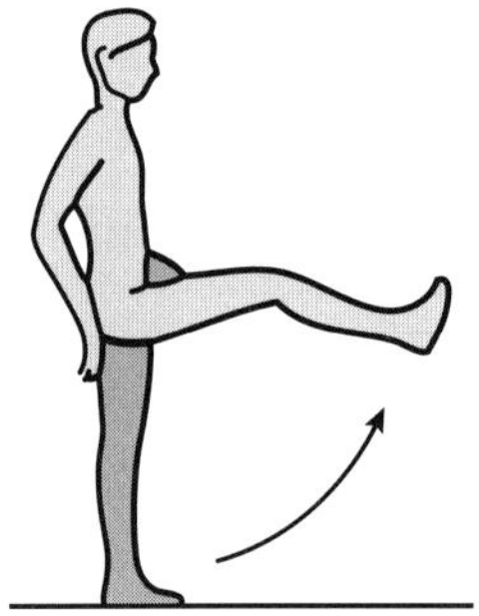

1

Bewegen Sie das freie Bein nach vorn auf und ab

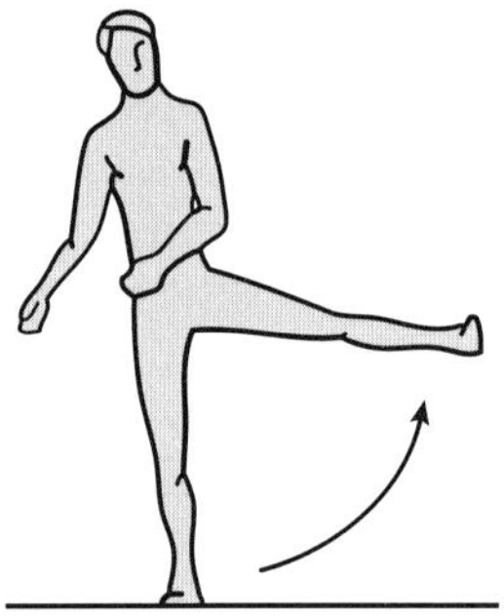

2

Bewegen Sie das freie Bein zur Seite auf und ab

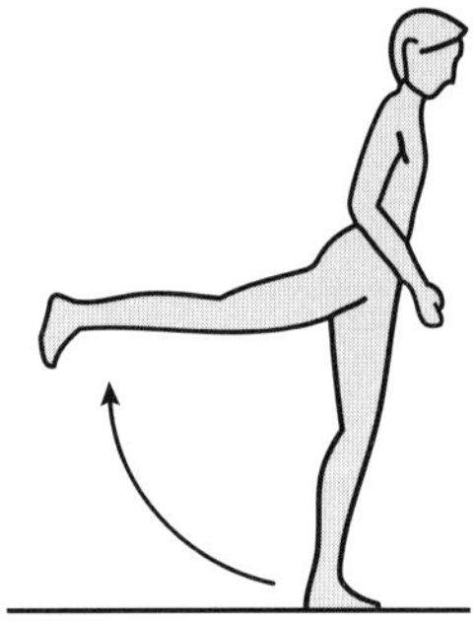

3

Bewegen Sie das freie Bein nach hinten auf und ab

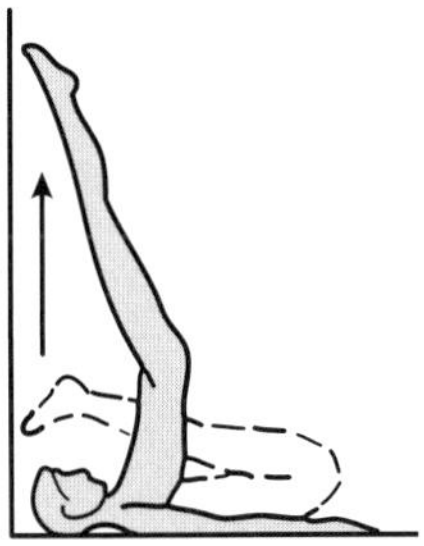

4

Bringen Sie Ihre Beine über sich und strecken Sie sie entlang der Wand

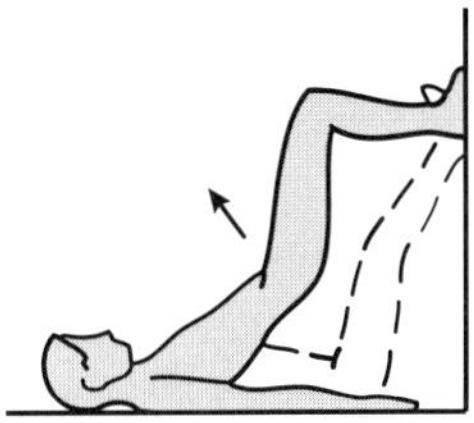

5

Legen Sie sich auf die Schultern und stellen Sie die Füße an die Wand, bewegen Sie die Hüfte auf und ab

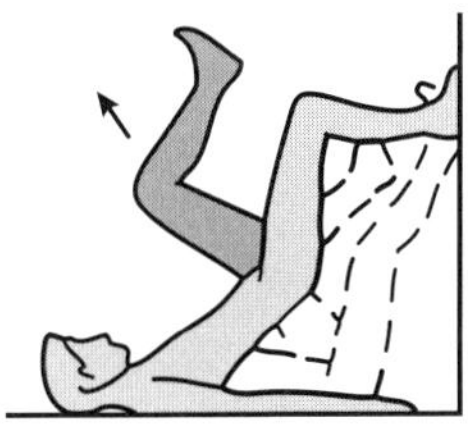

6

Legen Sie sich auf die Schultern und stellen Sie nur einen Fuß an die Wand

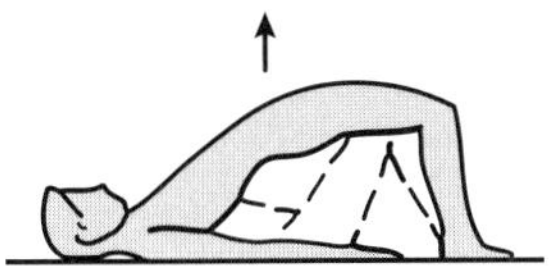

7

Legen Sie sich mit angestellten Beinen auf den Rücken und bewegen Sie die Hüfte auf und ab

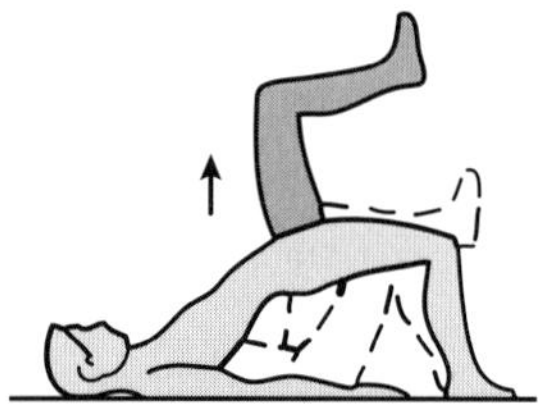

8

Die Schultern und ein Fuß am Boden

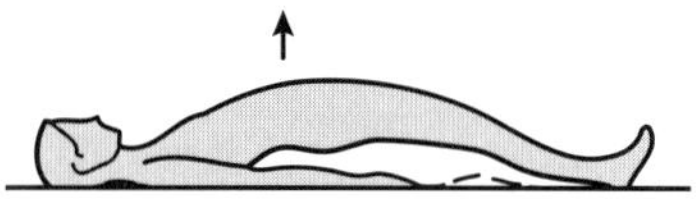

9

Die Schultern und beide Füße am Boden

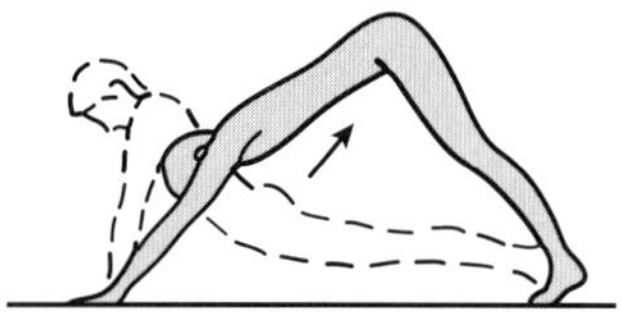

10

Beide Hände und beide Füße am Boden

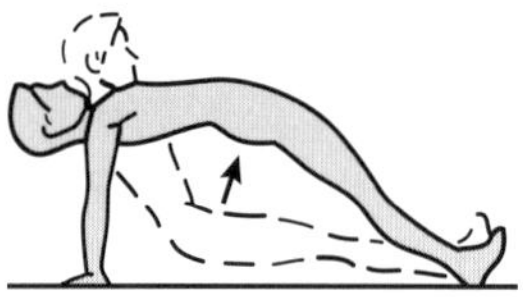

11

Beide Hände und beide Füße am Boden

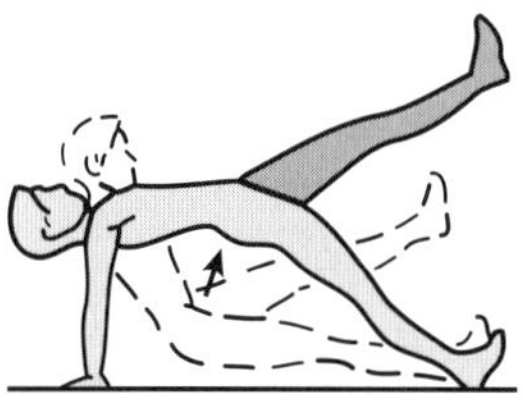

12

Beide Hände und ein Fuß am Boden

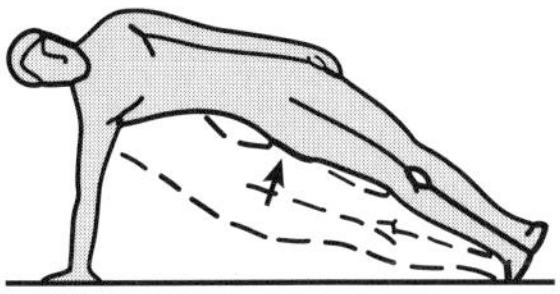

13

Eine Hand und beide Füße am Boden

Hüft-Übungen für Fortgeschrittene

14

Beugen Sie sich nach vorn, bis Sie mit Ihren Händen den Boden berühren, und bringen Sie das freie Bein nach hinten oben

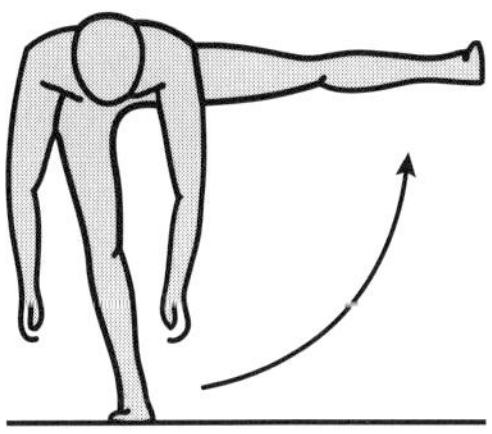

15

Stehen Sie mit nach vorn gebeugtem Oberkörper auf einem Bein und bewegen Sie das freie Bein zur Seite auf und ab

16

Stehen Sie mit nach vorn gebeugtem Oberkörper auf einem Bein und bewegen Sie das freie Bein nach hinten auf und ab

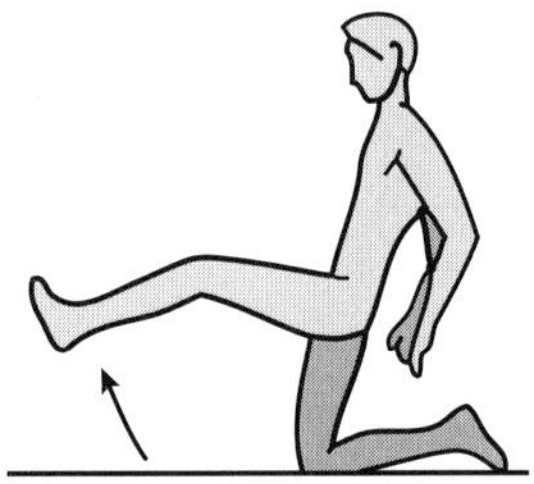

17

Bewegen Sie das freie Bein vor sich auf und ab

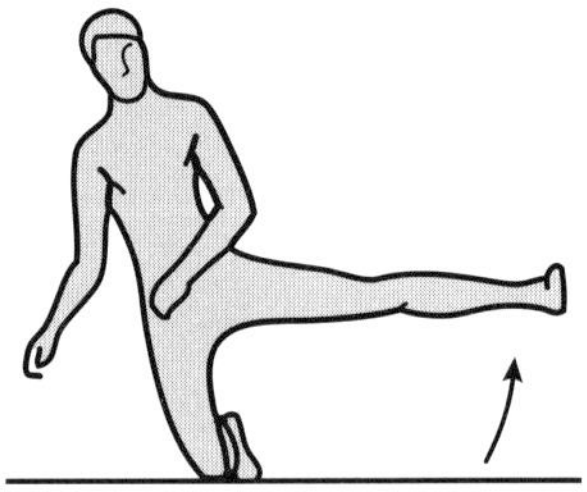

18

Bewegen Sie das freie Bein an der Seite auf und ab

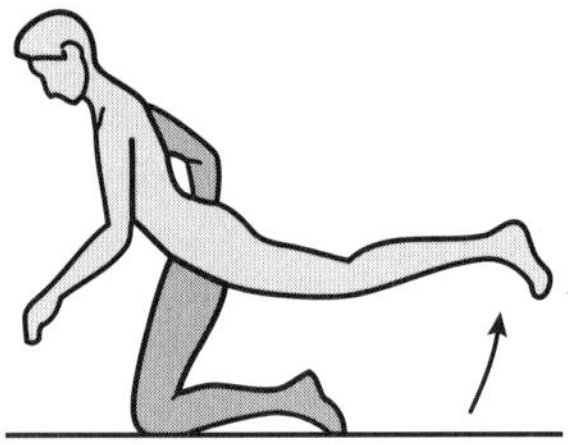

19

Bewegen Sie das freie Bein hinter sich auf und ab

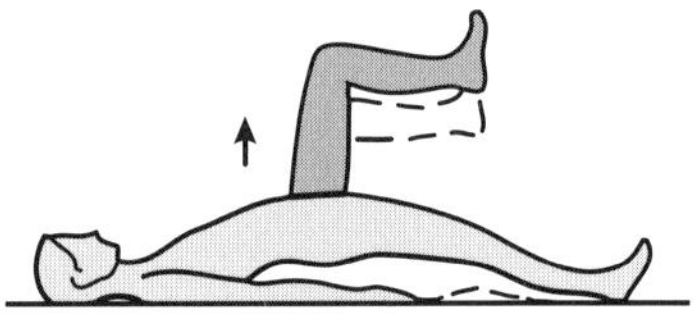

20

Die Schultern und ein Fuß am Boden, bewegen Sie die Hüfte auf und ab

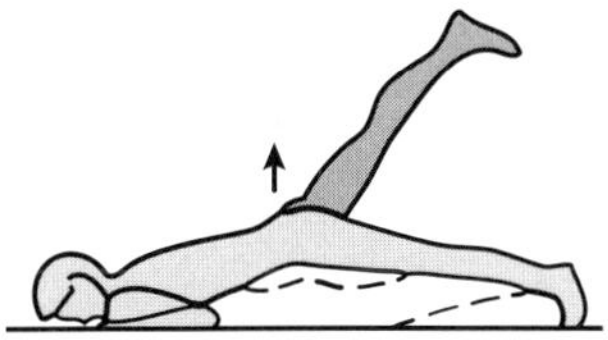

21

Die Arme, die Brust und ein Fuß am Boden

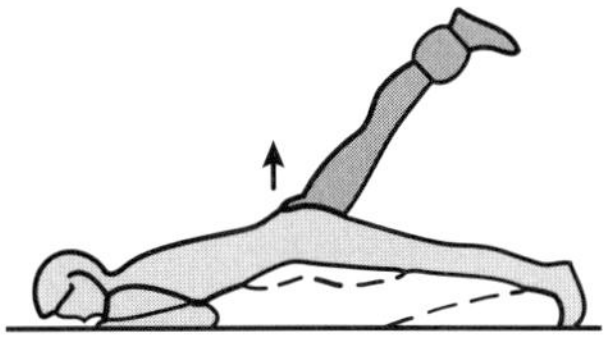

22

Die Arme, die Brust und ein Fuß am Boden, mit Zusatzgewicht am freien Bein

23

Eine Hand und beide Füße am Boden

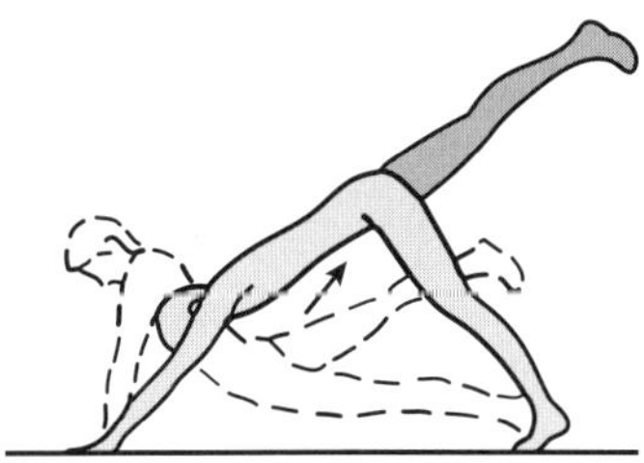

24

Beide Hände und ein Fuß am Boden

25

Eine Hand und der gegenüberliegende Fuß am Boden

26

Eine Hand und der Fuß auf der gleichen Seite am Boden

27

Beide Hände und ein Fuß am Boden, das freie Bein wird zur Seite gehalten

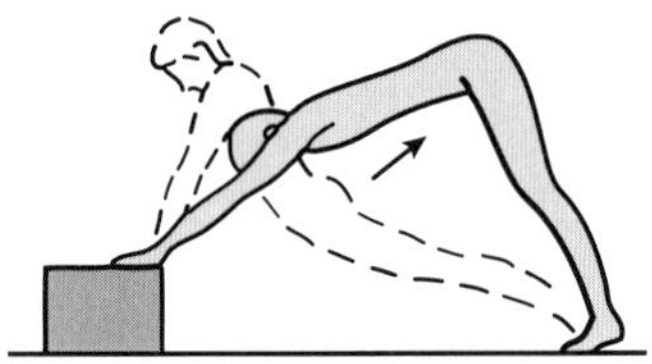

28

Machen Sie alle Übungen (23 - 27) auch mit Händen oder Füßen auf einem Kasten

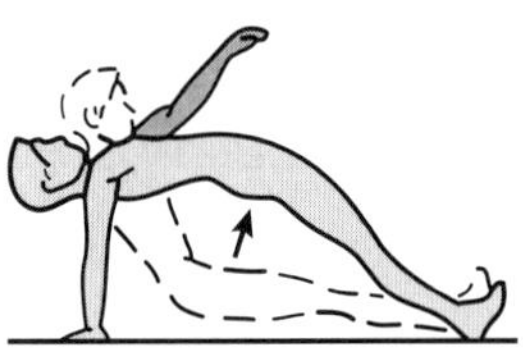

29

Eine Hand und beide Füße am Boden

30

Eine Hand und der gegenüberliegende Fuß am Boden

31

Eine Hand und der Fuß auf der gleichen Seite am Boden

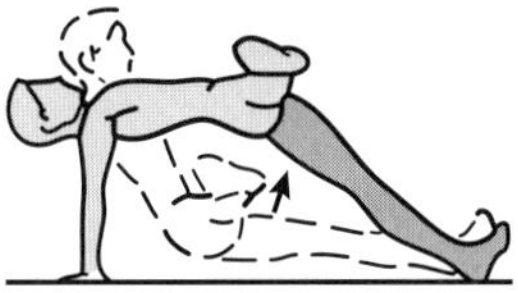

32

Beide Hände und ein Fuß am Boden, das freie Bein wird zur Seite gehalten

33

Beide Hände und ein Fuß am Boden, drehen Sie die Hüfte und damit das freie Bein zur gegenüberliegenden Seite

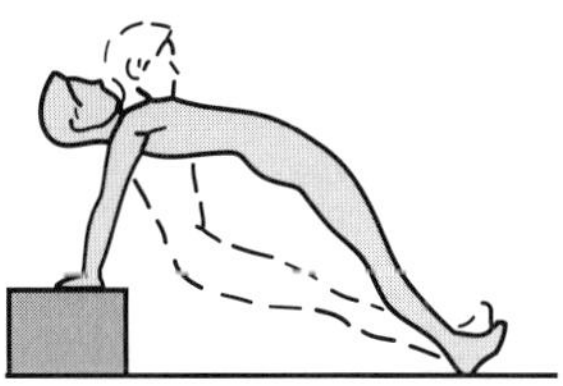

34

Machen Sie diese Übungen (29 - 33) mit den Händen auf einem Kasten

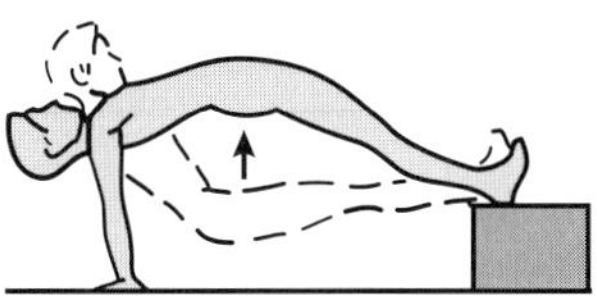

35

Machen Sie diese Übungen (29 - 33) mit den Füßen auf einem Kasten

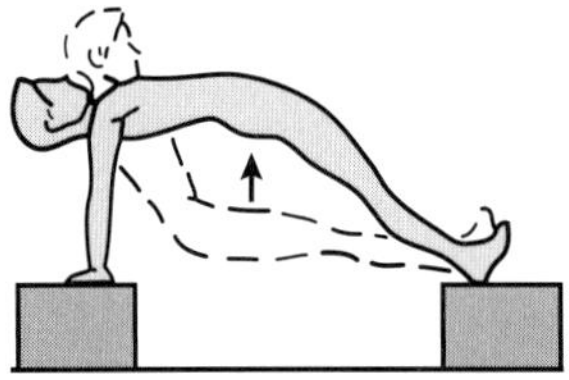

36

Machen Sie diese Übungen (29 - 33) mit Händen und Füßen auf zwei Kästen

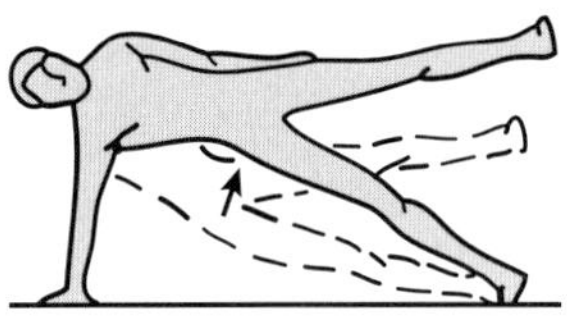

37

Eine Hand und der untere Fuß am Boden

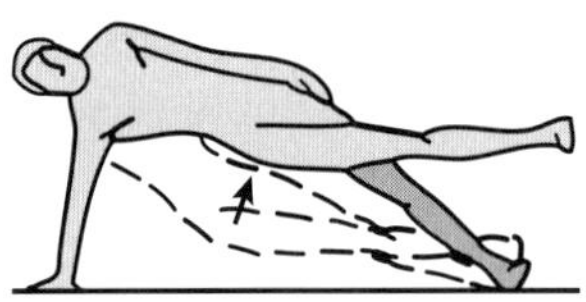

38

Eine Hand und der obere Fuß am Boden

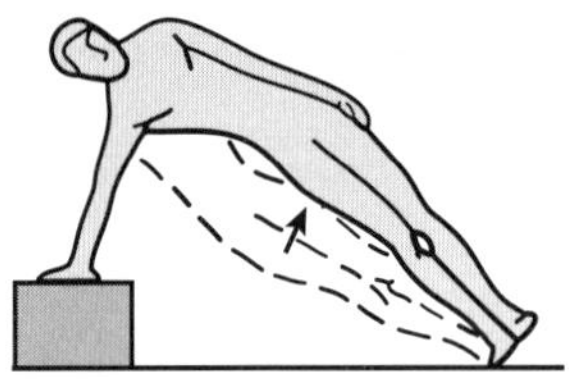

39

Machen Sie diese Übungen (37 - 38) mit der Hand oder den Füßen auf einem Kasten

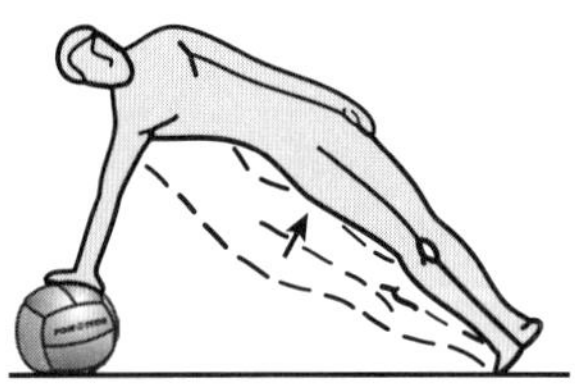

40

Machen Sie diese Übungen (37 –38) mit der Hand odern den Füßen auf einem Medizinball

Partnerübungen ohne Widerstand

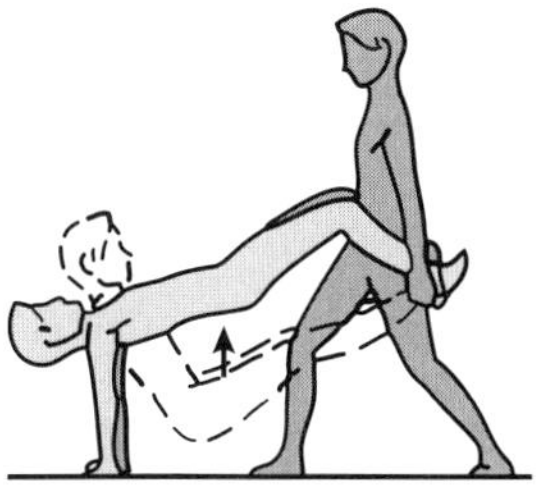

41

Beide Hände am Boden, der Partner hält beide Füße – bewegen Sie die Hüfte auf und ab

42

Eine Hand am Boden, der Partner hält den gegenüberliegenden Fuß

43

Eine Hand am Boden, der Partner hält den Fuß auf der gleichen Seite

44

Beide Hände am Boden, der Partner hält einen Fuß, das freie Bein wird zur Seite gehalten

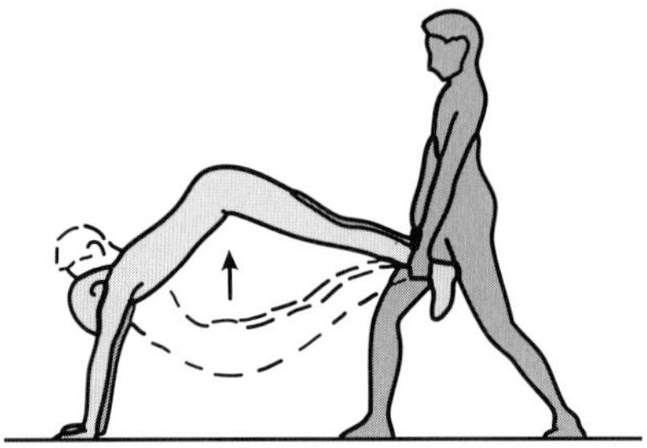

45

Beide Hände am Boden, der Partner hält beide Füße

46

Eine Hand am Boden, der Partner hält den gegenüberliegenden Fuß

47

Eine Hand am Boden, der Partner hält den Fuß auf der gleichen Seite

Partnerübungen mit Widerstand

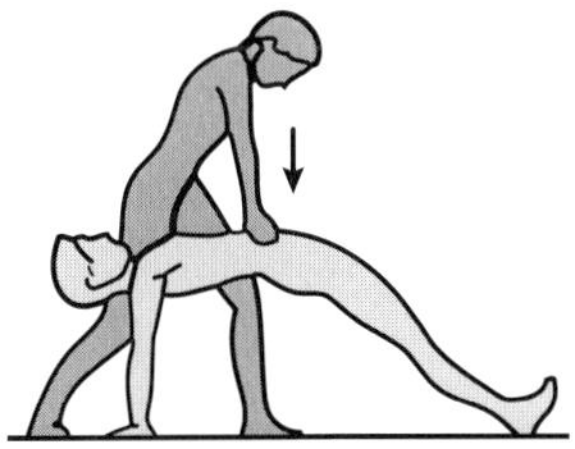

48

Beide Hände und Füße am Boden, der Partner gibt Ihnen in der Aufwärtsbewegung der Hüfte Widerstand

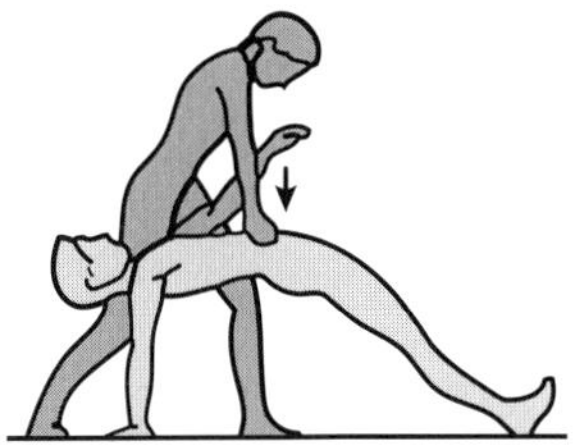

49

Eine Hand und beide Füße am Boden

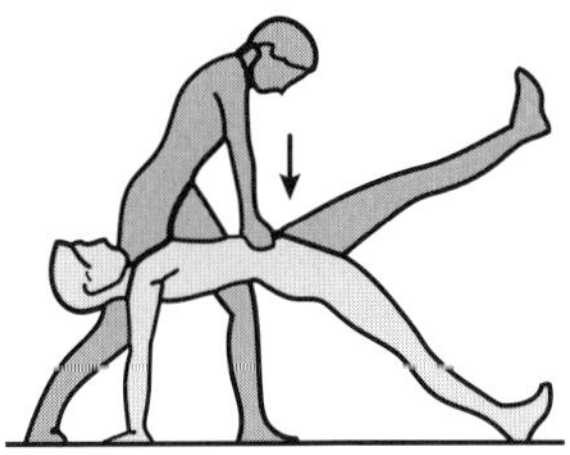

50

Beide Hände und ein Fuß am Boden

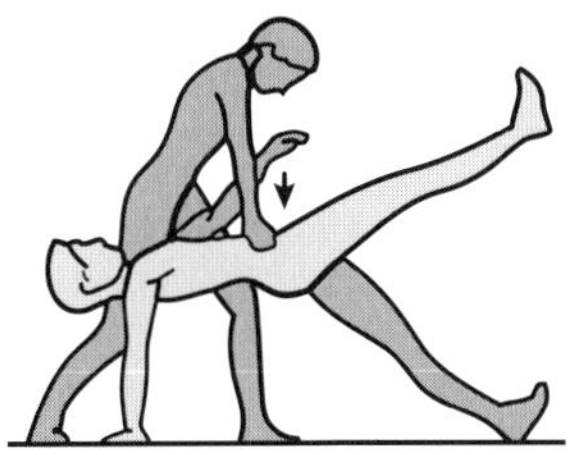

51

Eine Hand und der gegenüberliegende Fuß am Boden

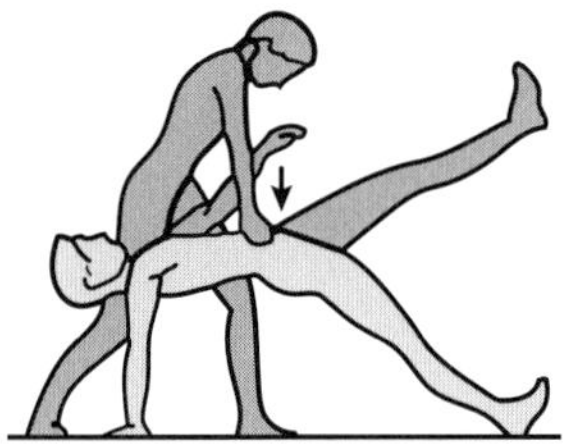

52

Eine Hand und der Fuß auf der gleichen Seite am Boden

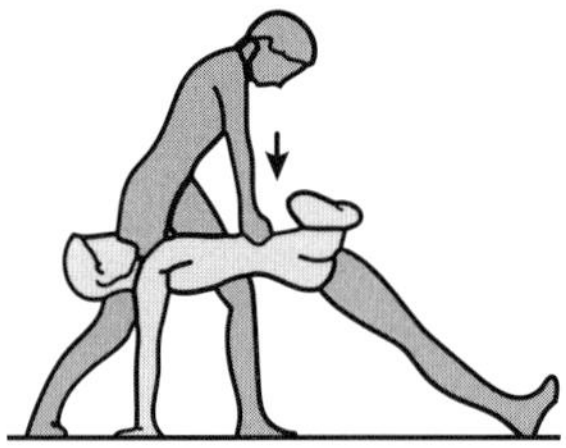

53

Beide Hände und ein Fuß am Boden, das freie Bein wird zur Seite gehalten

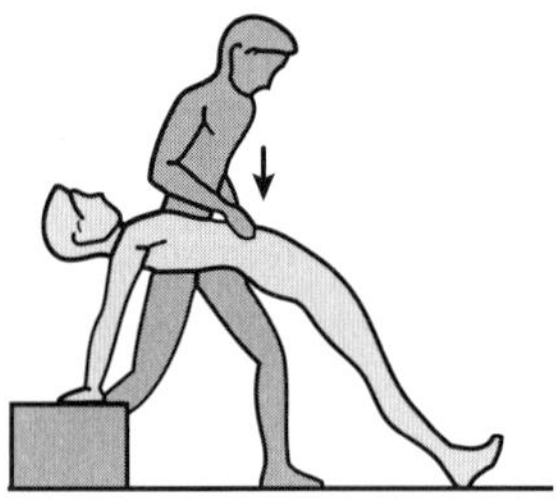

54

Beide Hände auf einem Kasten und beide Füße am Boden

55

Eine Hand auf einem Kasten und beide Füße am Boden

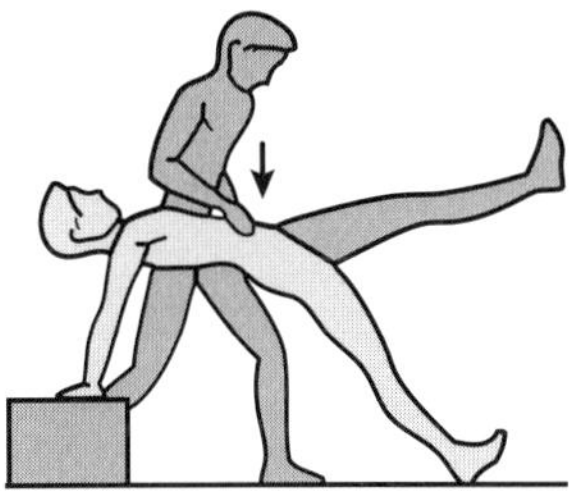

56

Beide Hände auf einem Kasten und ein Fuß am Boden

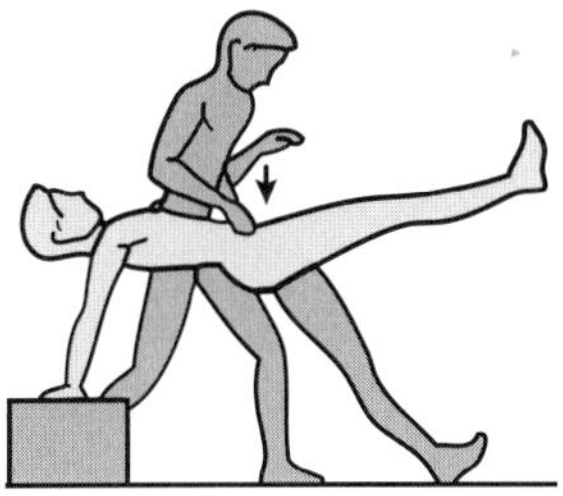

57

Eine Hand auf dem Kasten und der gegenüberliegende Fuß am Boden

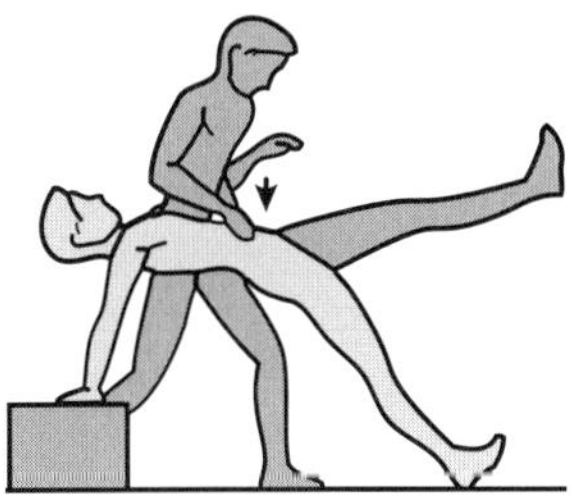

58

Eine Hand auf dem Kasten und der Fuß auf der gleichen Seite am Boden

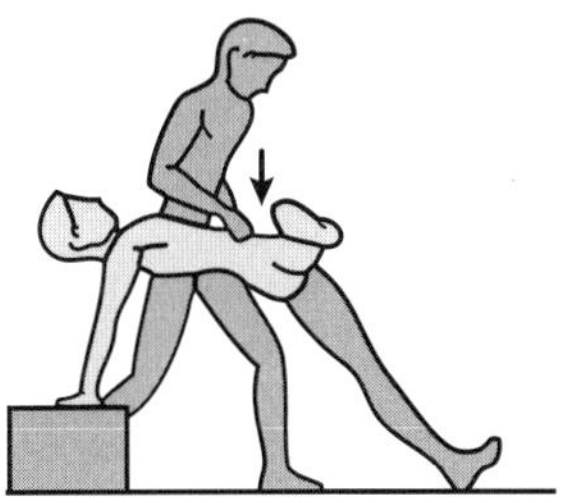

59

Beide Hände auf einem Kasten und ein Fuß am Boden, das freie Bein wird zur Seite gehalten

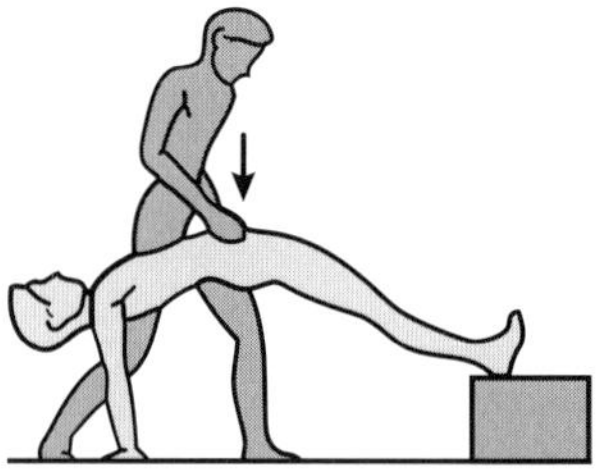

60

Beide Hände am Boden und beide Füße auf einem Kasten

61

Beide Hände auf einem Kasten und beide Füße am Boden

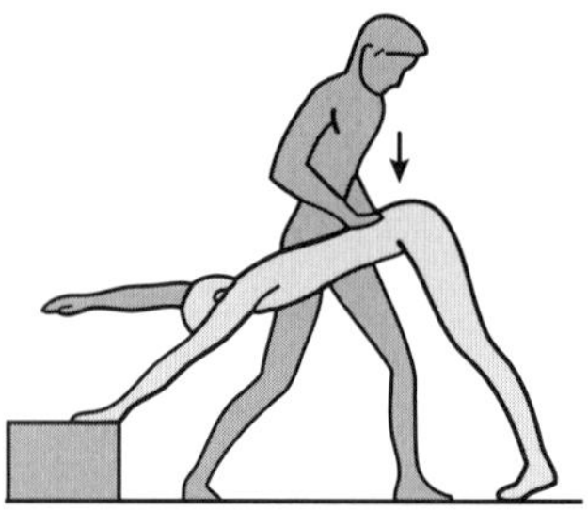

62

Eine Hand auf einem Kasten und beide Füße am Boden

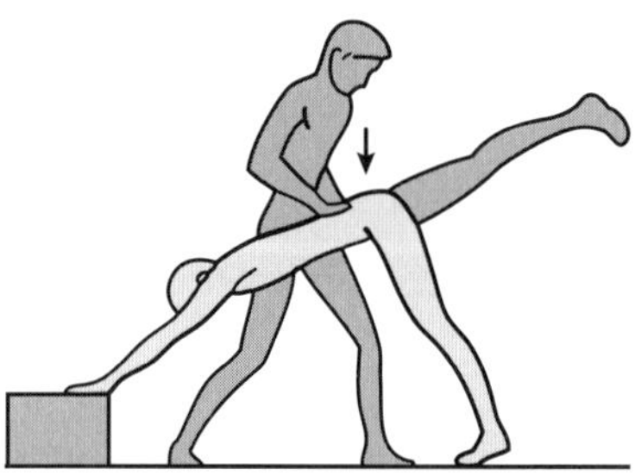

63

Beide Hände auf einem Kasten und ein Fuß am Boden

64

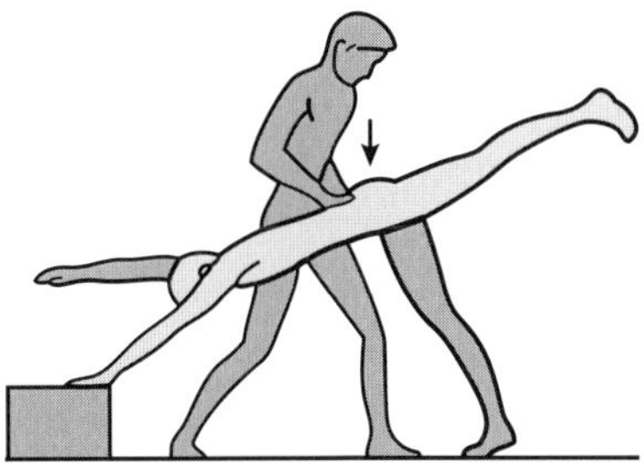

Eine Hand auf einem Kasten und der gegenüberliegende Fuß am Boden

65

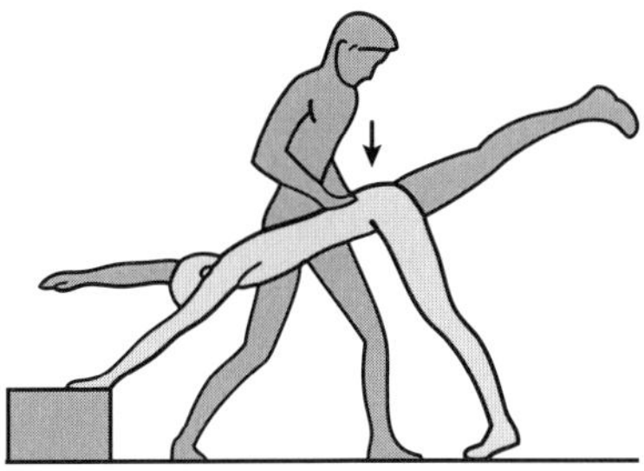

Eine Hand auf einem Kasten und der Fuß auf der gleichen Seite am Boden

66

Beide Hände auf einem Kasten und ein Fuß am Boden, das freie Bein wird zur Seite gehalten

67

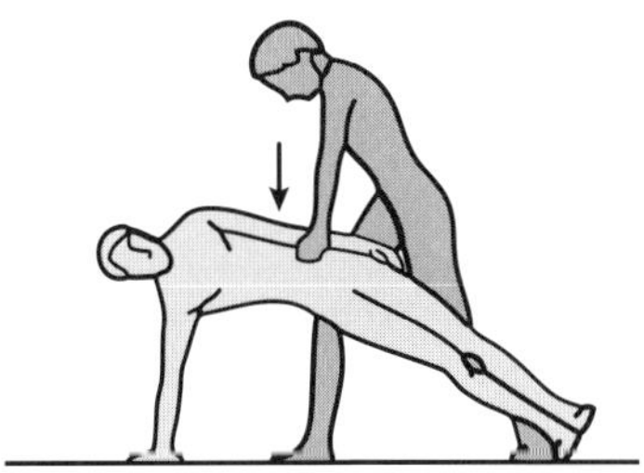

Eine Hand und beide Füße am Boden

68

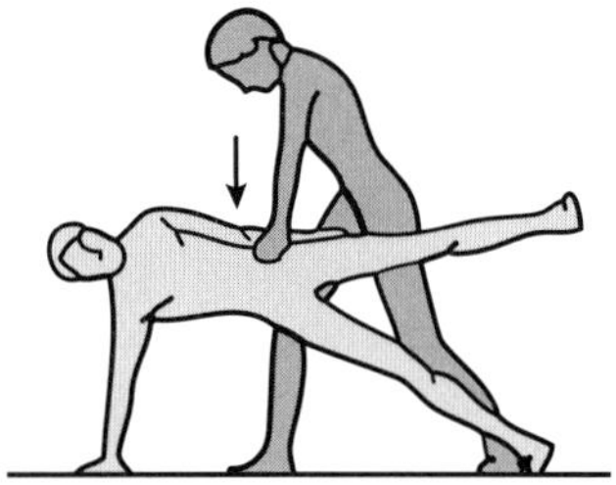

Eine Hand und der untere Fuß am Boden

69

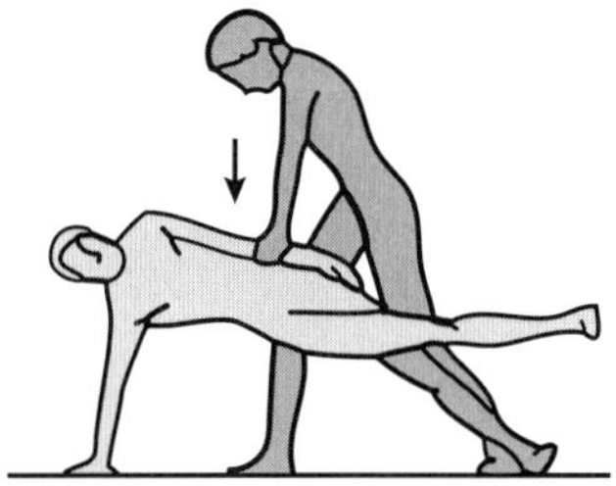

Eine Hand und der obere Fuß am Boden

5. Akt, 5. Kapitel

Hamstring-Übungen

„Am stärksten ist, wer sich selbst beherrscht."
Lucius Seneca

Die Hamstrings sind eine der größten Muskelgruppen in unserem Körper und die Arbeitspferde des Läufers. Sie sind dafür verantwortlich, dass die Füße rechtzeitig den Boden verlassen und wieder unter den Körper kommen. Nur so ist ein nächster Schritt möglich. Auf diese anspruchsvolle Aufgabe müssen sie entsprechend vorbereitet werden, nicht nur um schneller zu laufen, sondern auch, um Verletzungen zu vermeiden.

Die Übungen sind in zwei Kategorien unterteilt: Anfänger und Fortgeschrittene. Die Übungen an Kraftmaschinen sind sehr sicher und einfach auszuführen. Sie müssen Ihr Gleichgewicht nicht halten, können die Bewegung völlig isoliert ausführen und den Widerstand ganz einfach regulieren. Genau deshalb sind sie aber auch am ineffektivsten, weil gerade das Gleichgewicht und die Integration der Bewegung in die des ganzen Körpers wesentlich für das Laufen sind. Trotzdem können diese Übungen ein guter Einstieg in das Krafttraining sein, besonders wenn Sie noch keine Erfahrung damit haben. Auf dieser Grundlage können Sie dann die weiteren Übungen in Angriff nehmen.

Bei der Arbeit mit freien Gewichten sind Sie selbst für die Bewegungsgeschwindigkeit, das Gleichgewicht und vor allem die Bewegungsrichtung verantwortlich. Sie müssen viele kleine Korrekturen vornehmen, um die Bewegung perfekt auszuführen. Dieser Effekt wird durch den Einsatz von Gummibändern noch verstärkt, weil Sie einen „aktiven" Widerstand bieten, dem Sie entgegenarbeiten müssen. Dadurch schulen Sie Ihr Bewegungsgefühl und Ihr Gleichgewicht auch bei starken Widerständen. Für die weitere Verbesserung Ihrer Kraft und Ihrer Bewegungspräzision kann ein Partner eine wertvolle Hilfe sein, denn er kann den Widerstand genau dosieren und Ihre Bewegung in die richtige Bahn lenken.

Je mehr die Übungen der Laufbewegung gleichen, desto effektiver sind sie, um die Hamstrings auf die Aufgabe während des Laufens vorzubereiten.

Hamstring-Übungen für Anfänger

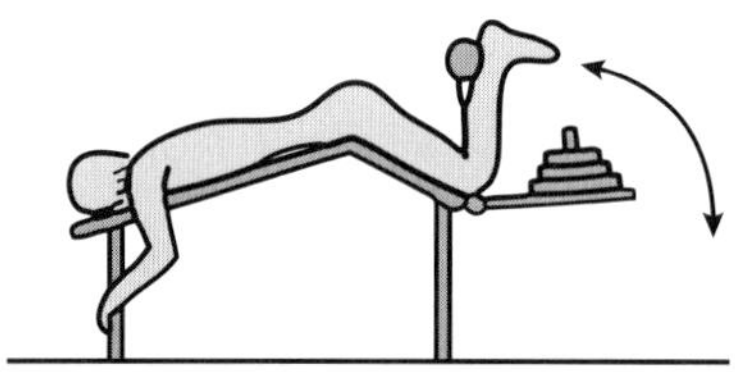

1

Training der Kniebeuger an der Maschine in Bauchlage

2

Training der Kniebeuger an der Maschine im Sitzen

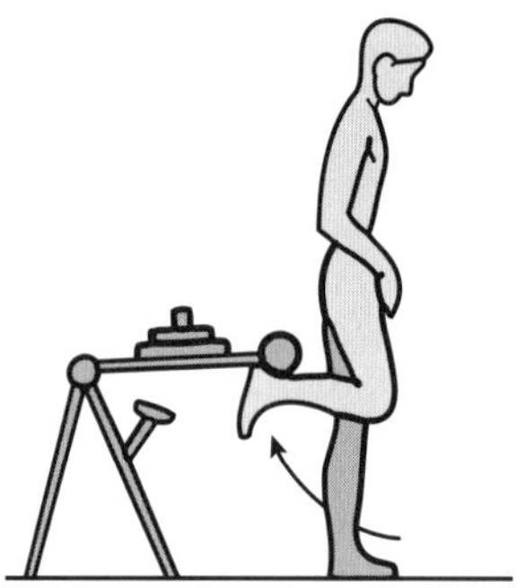

3

Training der Kniebeuger an der Maschine im Stehen

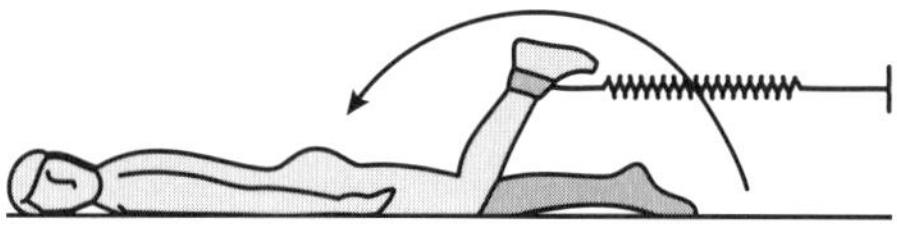

4

Legen Sie sich auf den Bauch und beugen Sie das Bein gegen den Widerstand des Zugseils

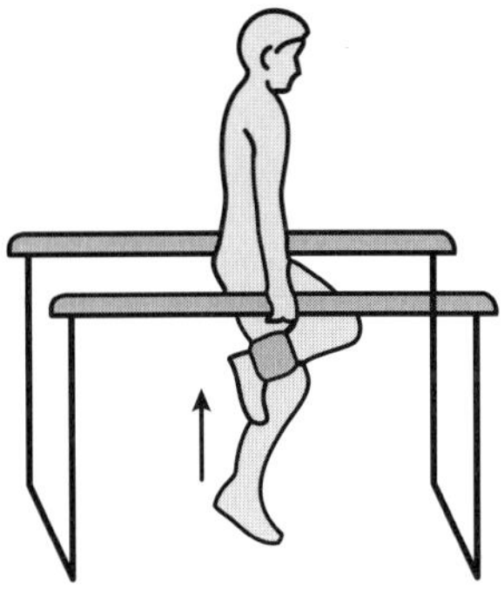

5

Stützen Sie sich mit den Händen auf und ziehen Sie den Fuß mit dem Gewicht unter der Hüfte hoch

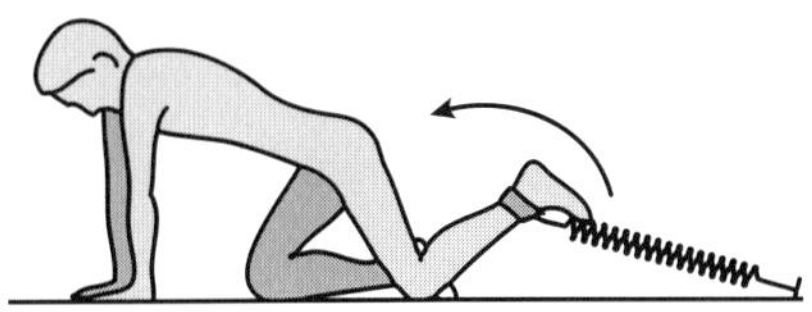

6

Stützen Sie sich auf den Händen und Knien ab und ziehen Sie den Fuß zur Hüfte

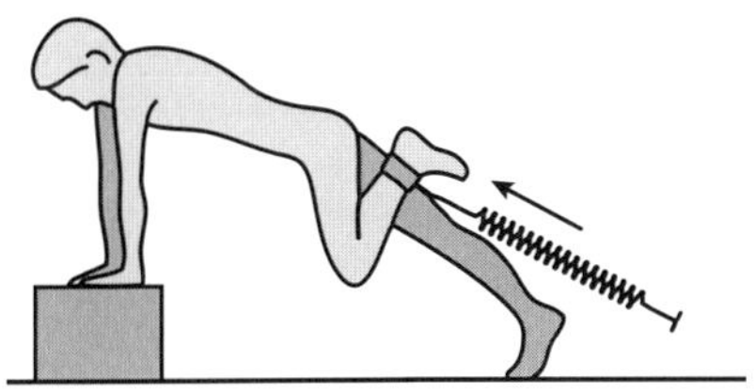

7

Stützen Sie die Hände auf einen Kasten und ziehen Sie den Fuß Richtung Hüfte

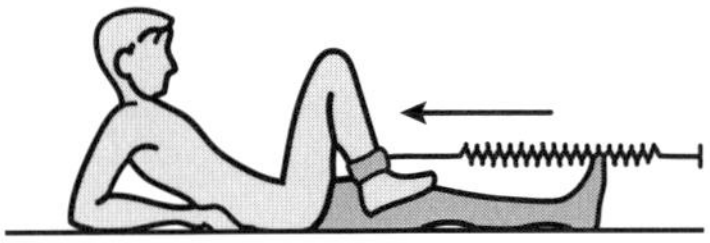

8

Stützen Sie sich auf die Ellbogen und ziehen Sie den Fuß Richtung Hüfte

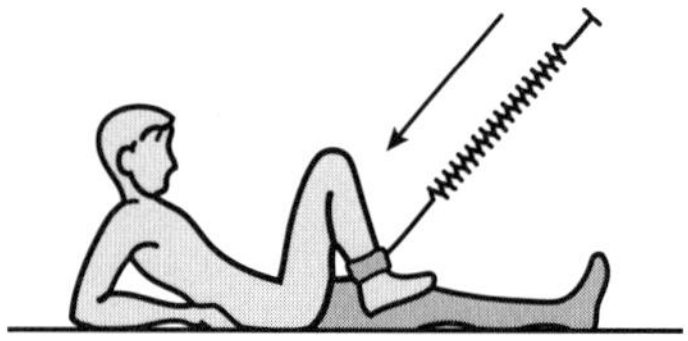

9

Stützen Sie sich auf die Ellbogen und ziehen Sie den Fuß nach unten Richtung Hüfte

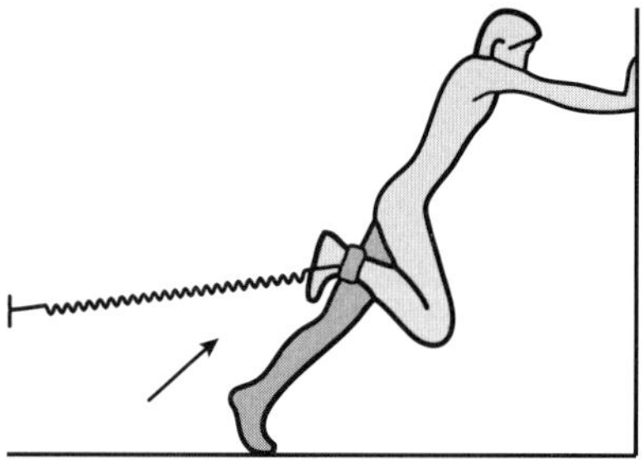

10

Lehnen Sie sich gegen eine Wand und ziehen Sie den Fuß zu Ihrer Hüfte

11

Ziehen Sie den Fuß gegen den Widerstand des Partners unter die Hüfte

Hamstring-Übungen für Fortgeschrittene

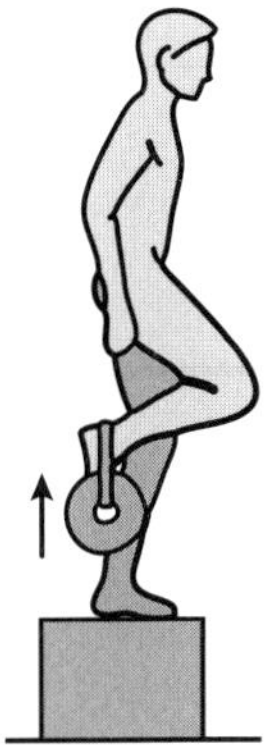

12

Stehen Sie auf einem Bein auf einem Kasten und ziehen Sie den anderen Fuß mit dem Gewicht unter der Hüfte nach oben

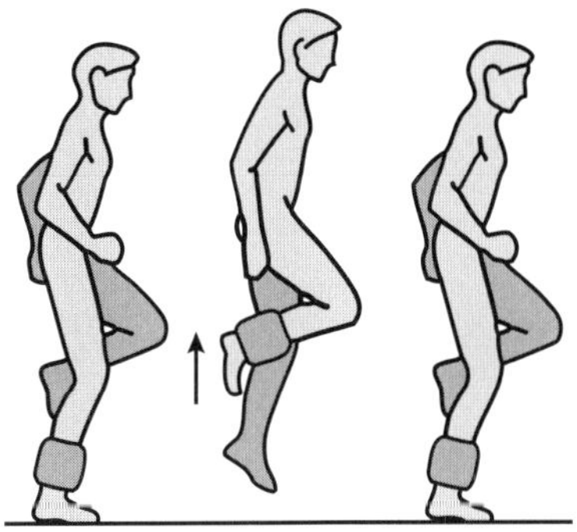

13

Sprünge in der Lauf-Pose auf der Stelle oder nach vorn mit Zusatzgewicht am Standfuß – ziehen Sie den Fuß unter der Hüfte nach oben

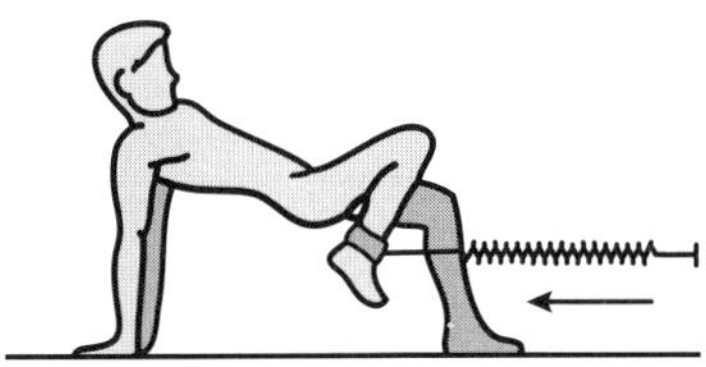

14

Stützen Sie sich auf beide Hände und einen Fuß und ziehen Sie den anderen Fuß zur Hüfte

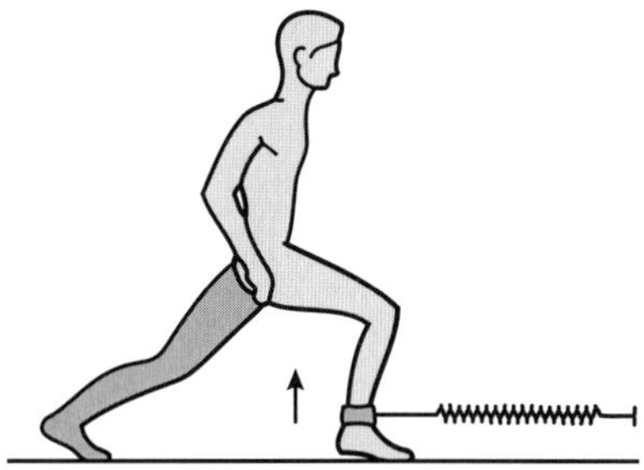

15

Stehen Sie im Ausfallschritt mit dem Zugseil nach vorn und ziehen Sie den vorderen Fuß unter Ihre Hüfte nach oben

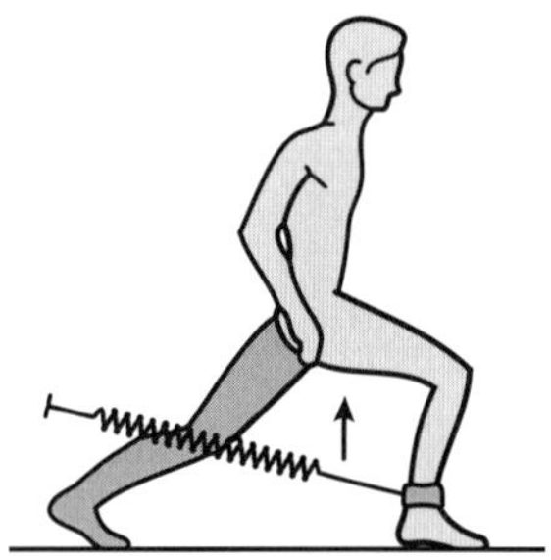

16

Stehen Sie im Ausfallschritt mit dem Zugseil nach hinten und ziehen Sie den vorderen Fuß unter Ihre Hüfte nach oben

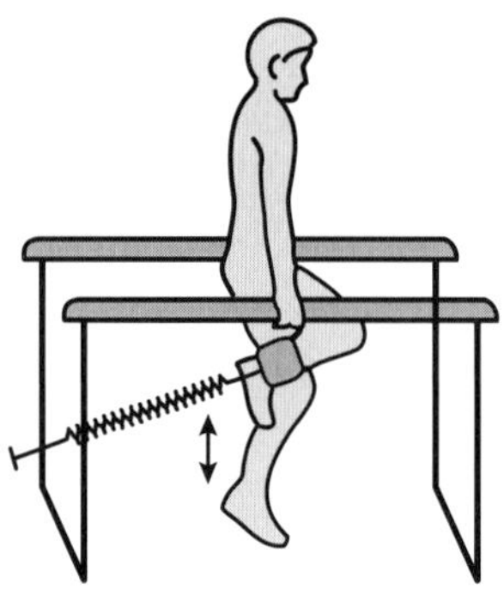

17

Stützen Sie sich mit den Händen auf und ziehen Sie den Fuß unter der Hüfte hoch

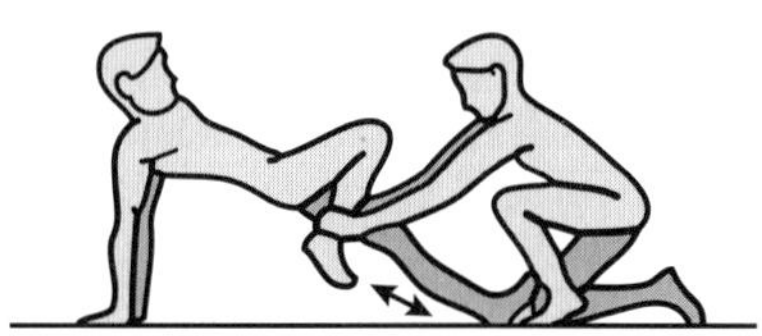

18

Stützen Sie sich auf beide Hände und einen Fuß, ziehen Sie den freien Fuß gegen den Widerstand des Partners zur Hüfte

19

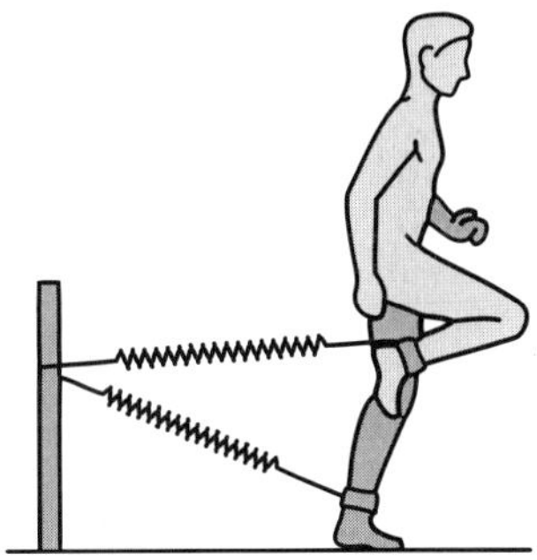

Wechsel des Supports mit Zugseilen an beiden Fußgelenken – ziehen Sie den Fuß unter der Hüfte nach oben

20

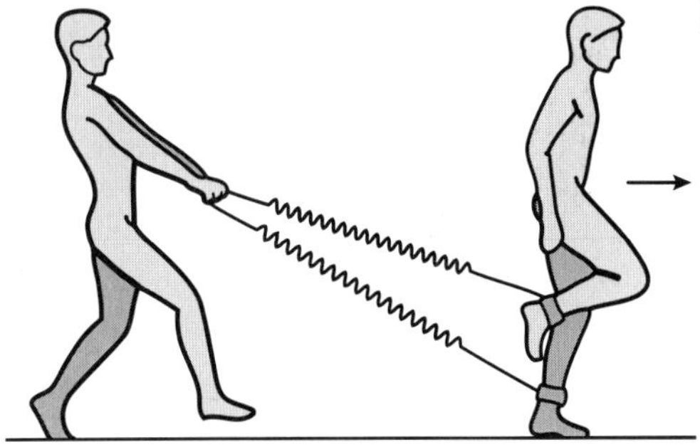

Wechsel des Supports vorwärts mit Zugseilen nach hinten

21

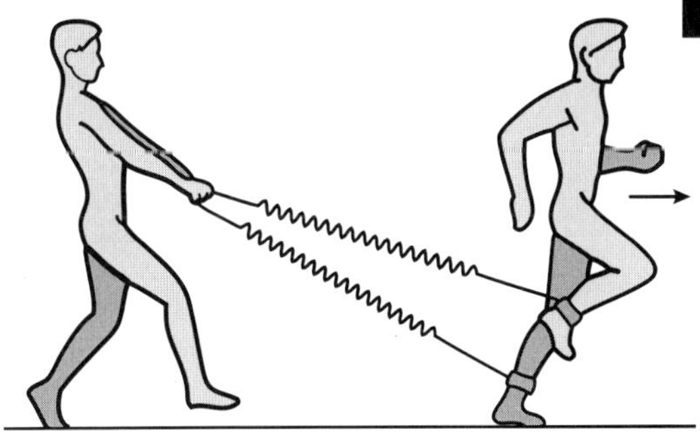

Laufen mit Zugseilen nach hinten

5. Akt, 6. Kapitel

Laufen im Sand

„Das freie Meer befreit den Geist."
Johann Wolfgang von Goethe

Gibt es eine romantischere Vorstellung, als bei Sonnenunter- oder Sonnenaufgang am Strand entlang zu laufen? Das Laufen an der Grenze zwischen Land und Wasser hatte schon immer etwas Besonderes – die wohlverdiente Abkühlung im Meer mit inbegriffen. Doch je nach Konsistenz des Sandes und des Abstandes zum Wasser kann das Laufen am Strand ziemlich anstrengend werden.

Doch gerade auf lockerem Sand zu laufen ist eine sehr gute Übung, um die Pose-Methode zu erlernen. Es kräftigt Ihre Muskeln und Bänder, stabilisiert Ihre Gelenke und schult den Gleichgewichtssinn. Aber das Wichtigste ist: Es schult Ihr Gefühl für die Interaktion mit dem Boden. Sand ist ein unstabiler Untergrund, in den Ihre Füße einsinken und in alle Richtungen rutschen können. Das macht es viel schwieriger, die Füße rechtzeitig vom Boden zu lösen, und zwingt Sie dazu, Ihre Lauftechnik zu verbessern.

Unter diesen Bedingungen ist es fast unmöglich, zu große Bewegungen zu machen, sich aktiv abzudrücken oder auf der Ferse zu landen. Das macht das Laufen im Sand zu einem idealen Hilfsmittel, um Ihre alten Gewohnheiten zu durchbrechen. Mit den kompakten und leichten Schritten der Pose-Methode versinken Sie weniger im Sand und kommen schneller voran.

Ziehen Sie am besten Ihre Schuhe aus und laufen Sie barfuß. Die kleinere Fläche Ihrer Fußsohle lässt Sie noch schneller im Sand versinken, dafür spüren Sie viel mehr vom Boden und bekommen mehr Rückmeldung von Ihren Füßen. Mit einer feineren Wahrnehmung dafür, was unter Ihren Füßen passiert, können Sie Fehler leichter erkennen und Ihre Technik verbessern.

Betrachten Sie das Laufen im Sand am Anfang mehr als eine Übung denn als richtigen Lauf: Die Zeit oder die zurückgelegte Strecke ist nicht wichtig. Es ist ein Training für Ihre Technik und Ihre Kraft. Wundern Sie sich nicht, wenn Sie am nächsten Tag Muskelkater in den Waden und Oberschenkeln bekommen – Sie müssen sich erst an

die neue Belastung gewöhnen. Sie werden sehen, wie sehr das Laufen im Sand Ihre Kondition fordert.

Laufen Sie nur kurze Strecken und erholen Sie sich dazwischen mit Gehpausen. Der Maßstab ist Ihre Fähigkeit, eine gute Lauftechnik beibehalten zu können. Je besser Sie werden, desto länger oder schneller können Sie laufen. Wenn Sie in der glücklichen Lage sind, einen Strand in der Nähe zu haben, nutzen Sie ihn ruhig ein bis zwei Mal pro Woche; ansonsten sollten Sie die Gelegenheit ergreifen, wenn Sie Urlaub am Meer machen!

Seien Sie vorsichtig, wenn der Strand zum Wasser hin stark abfällt. Wenn Sie nur in eine Richtung laufen, muss Ihr Körper dieses Gefälle permanent ausgleichen, was zu unangenehmen Verletzungen führen kann. Laufen Sie im Zweifel lieber etwas weiter oberhalb des Wassers, wo das Gefälle nicht mehr so stark ist.

5. Akt, 7. Kapitel

Bergauf- und Bergablaufen

„Wer nicht auf die hohen Berge steigt,
kennt die Ebene nicht."
Chinesisches Sprichwort

Laufen in welligem Gelände kann ein wunderschönes Erlebnis oder eine Qual sein. Damit es für Sie das Erstere ist, erkläre ich Ihnen hier, wie Sie Pose auch bergauf und bergab anwenden können. Bergauf- und Bergablaufen stellt besondere Anforderungen an Ihre Physis und Ihre Psyche – stellen Sie sich den Herausforderungen der Natur!

Die meisten Läufer vermeiden bewusst steile Anstiege auf Ihren Laufstrecken, nur wenige suchen sie als Gelegenheit, um sich weiter zu verbessern. Mit wenigen Ausnahmen finden Sie die guten Läufer unter den Letztgenannten. Schwere Anstiege sind konstante, unnachgiebige Herausforderungen und ein unbestechlicher Realitätscheck für alle, die sich für fitter und schneller halten, als sie es wirklich sind.

Besonders das Bergauflaufen scheint der Logik der Pose-Methode zu widersprechen: Wie kann die Schwerkraft für die Vorwärtsbewegung genutzt werden, wenn Sie doch entgegengesetzt zur Schwerkraft bergauf laufen? Um diese Frage zu beantworten, machen wir einen kleinen Abstecher in das Handwerk der Holzfäller:

Stellen Sie sich vor, Sie sollen eine Seite eines Hügels roden. Dabei stellt sich Ihnen ein ganz ähnliches Problem: Wie können Sie die Bäume fällen, sodass sie zum Berg hin umfallen? Man könnte meinen, dass der Baum immer den Berg hinunter fallen wird, aber in Wirklichkeit können Sie ganz einfach bestimmen, in welche Richtung er fällt. Als Erstes schlagen Sie einen Keil aus dem Stamm nahe des Bodens, und zwar auf der Seite, zu der der Baum fallen soll. Jetzt gehen Sie auf die gegenüberliegende Seite und beginnen den Stamm von schräg oben in Richtung des herausgeschlagenen Keils anzusägen. Sobald Ihr zweiter Schnitt in die Nähe des herausgeschlagenen Keils kommt, lehnt sich der Baum mit seinem ganzen Gewicht auf diese Lücke und fällt dorthin, wo Sie ihn hinhaben wollen – ganz einfach!

Dasselbe Prinzip können wir auf das Bergauflaufen übertragen. Indem Sie sich wie auf

ebenem Untergrund auch nach vorn lehnen, erzeugen Sie sozusagen die Kerbe, die Sie aus dem Baumstamm geschlagen haben – Sie fallen bergauf. Das soll nicht heißen, dass Bergauflaufen einfach wäre! Es gelten immer noch die Gesetze der Physik und Sie bewegen sich in die entgegengesetzte Richtung der Schwerkraft; aber wenigstens nutzen Sie sie dabei gleichzeitig immer wieder zu Ihren Gunsten.

Bergauflaufen kann Ihnen beim Erlernen der Pose-Methode helfen und ist zudem ein hervorragendes Krafttraining. Sie müssen eine hohe Schrittfrequenz beibehalten und kompakte Schritte machen, um die Schwerkraft öfter zu Ihrem Vorteil zu nutzen. Ihre Hamstrings haben jede Menge Arbeit damit, die Bewegungen schnell und explosiv auszuführen. Das verbessert auch die Elastizität Ihrer Muskeln und schult Ihr Gefühl für das rechtzeitige Hochziehen der Füße.

Wenn Sie einmal verstanden haben, wie das Bergauflaufen funktioniert, wird es zu einer wichtigen Waffe in Ihrem mentalen Repertoire werden. Anstiege sind nicht länger Hindernisse, sondern Gelegenheiten, um Ihre Technik als Vorteil gegenüber Ihren Konkurrenten auszuspielen.

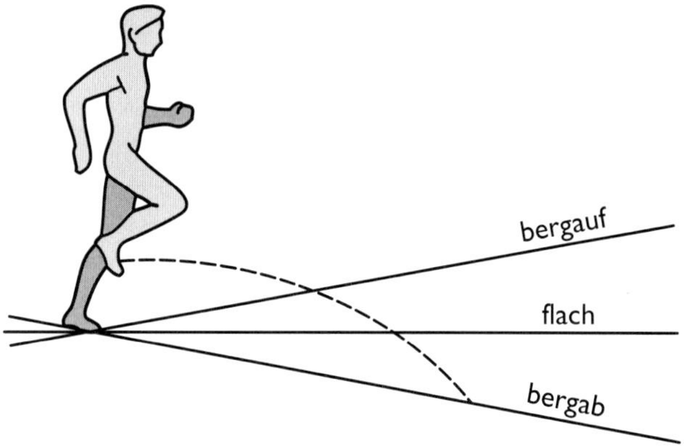

Die Schrittlänge hängt vom Grad der Steigung oder des Gefälles ab. Bergab ist sie am längsten – bergauf am kürzesten.

Wie sieht es mit dem Bergablaufen aus? Die Teilnehmer des Boston-Marathons werden bestätigen, dass weniger das Bergauf- als das Bergablaufen seine Spuren bei den Läufern hinterlässt. Das Gefährliche am Bergablaufen ist, dass es so einfach zu sein scheint. Nachdem man mühsam den Hügel erklommen hat, ist es eine verständliche Reaktion, sich auf dem Weg nach unten zu entspannen und gehen zu lassen.

Ihre Schritte werden länger, und jeder wird zu einem kräftigen Schlag auf die Ferse. Diese Erschütterungen wandern durch Ihren ganzen Körper bis zur Wirbelsäule und treffen jedes Gelenk Ihres Körpers. Ihre Muskeln, Sehnen und Bänder werden enormen Belastungen ausgesetzt.

Ab einem gewissen Punkt versuchen Sie, die Belastung zu kontrollieren und die Geschwindigkeit zu begrenzen. Das beschert Ihnen den Muskelkater in den Oberschenkeln am nächsten Tag. Sie treten sprichwörtlich auf die Notbremse, was jedoch schnell nach hinten losgehen und Ihnen mehr schaden als nutzen kann.

Um die Herausforderung des Bergablaufens zu meistern, müssen Sie zu allererst Ihre Konzentration aufrechterhalten. Lassen Sie Ihre Gedanken nicht schweifen! Halten Sie Ihre Schritte kompakt und flach. Jedes überflüssige Auf und Ab verstärkt den potenziellen Schaden, den die Schwerkraft Ihrem Körper zufügen kann. Der Fußaufsatz sollte weiterhin unter, und nicht vor Ihrem Körper erfolgen. Bleiben Sie kompakt und aufrecht, um nicht zu schnell zu werden. Auf diese Weise vermeiden Sie die harten Schläge und kommen in kontrollierter Weise den Hügel hinunter.

Bergablaufen schult die Fähigkeit, die Füße entspannt auf den Boden zurückfallen zu lassen, statt sie aktiv auf den Boden zu setzen. Hier können Sie sich leichter als auf ebenem Untergrund auf einen entspannten und lockeren Fußaufsatz konzentrieren. Dieses Gefühl sollten Sie auch beim Laufen auf ebenem Untergrund wiederfinden.

Wie viel Sie in welligem Gelände laufen, hängt sehr davon ab, wo Sie leben. Flachländer nutzen oft Brücken, Überführungen und Treppen, um wenigstens einige Steigungen in das Training zu integrieren. Wenn Sie dagegen in einer hügeligen Gegend leben, sind Sie wahrscheinlich für jedes flache Stück dankbar, um nicht ständig auf und ab laufen zu müssen.

Sie sollten wenigstens in einem Training pro Woche Steigungen integrieren. Fangen Sie mit kurzen Abschnitten an und achten Sie ausschließlich auf die Technik, bis Sie die Pose-Methode sicher bergauf und bergab beherrschen. Wenn Sie die Technik im Griff haben, können Sie hemmungslos bergauf und bergab laufen, bis Sie zu einer wahren Bergziege werden.

5. Akt, 8. Kapitel

Crossläufe

„In der Natur fühlen wir uns so wohl, weil sie kein Urteil über uns hat."

Friedrich Nietzsche

Crossläufe durch den Wald, über Wiesen, Felder und über Stock und Stein sind die ursprünglichste Form des Laufens. Weit weg von Asphalt und Autoabgasen schärfen sich Ihre Sinne für den Anblick und den Geruch der Umgebung. Laufen ist keine Schinderei mehr, es wird zum Abenteuer.

Crossläufe sind aber nicht nur gut für die Seele, sondern auch für den Körper. Der Untergrund ist abwechlungsreicher als auf der Straße: Es geht auf und ab, über Steine und Wurzeln, um Ecken und Kurven. Ihre Füße müssen sich mit jedem Schritt auf neue Bedingungen einstellen. Als guter Crossläufer brauchen Sie eine hohe Aufmerksamkeit und müssen kompakte, schnelle Schritte machen. Nur mit leichten, entspannten Schritten können Sie sich den ständig wechselnden Bedingungen anpassen.

Der Unterschied zum monotonen Laufen auf der Straße ist, dass Sie eine kurze Bodenkontaktzeit und eine gut entwickelte Muskelelastizität im Fall der Fälle vor einem verknacksten Fußgelenk bewahren können. Ihr neuromuskuläres System wird beim Crosslaufen darauf trainiert, auf alle Herausforderungen der Umgebung blitzschnell zu reagieren.

Auf der Straße passt sich Ihr Körper an die gleichförmigen Bewegungen an. Solange es nur geradeaus geht, ist er stark, aber auf unerwartete Fehltritte in Schlaglöcher, auf Äste oder Steine ist er nicht vorbereitet. Der unebene Untergrund im Gelände führt zu einer ausgeglicheneren Entwicklung Ihrer Muskeln, Sehnen, Bänder und Gelenke. Ihr Körper lernt mit jeder Art von Untergrund

umzugehen und entwickelt die umfassenden Kraftvoraussetzungen, die zu einem verletzungsfreien Laufvergnügen beitragen. Gleichzeitig ist es ein gutes psychisches Training, schnell auf wechselnde Bedingungen reagieren zu müssen.

Kein Trainingsplan ist ohne gelegentliche Crossläufe komplett. Nutzen Sie die Gelegenheit, wenn Sie schöne Wege vor der Haustür haben, Ihr Körper und Ihr Geist werden es Ihnen danken!

5. Akt, 9. Kapitel

Barfußlaufen

„Wer barfuß geht, den drücken die Schuhe nicht."
Sprichwort

Moderne Laufschuhe bringen trotz des enormen Aufwandes, der für ihre Entwicklung betrieben wird, eine Reihe von Problemen mit sich. Die Werbung verspricht Komfort, Stabilität und natürlich Dämpfung. Auf den ersten Blick sind das alles erstrebenswerte Eigenschaften – letztendlich werden jedoch mit künstlichen Mitteln die Auswirkungen einer schlechten Lauftechnik verschleiert.

Die dick aufgebaute Dämpfung unter der Ferse fördert sogar eine schlechte Lauftechnik. Sie wissen, dass Sie auf dem Vorfuß, nicht auf der Ferse aufkommen sollten; es ist sogar völlig normal, dass der Aufsatz auf der Ferse wehtut. Wir sind nicht dafür gebaut, so zu laufen. Doch mit modernen Laufschuhen haben Sie fast keine andere Wahl, als auf der Ferse aufzukommen, weil dort soviel Material im Weg ist.

Wenn Sie barfuß laufen, machen Sie wie von selbst einen Schritt in Richtung Pose: Sie machen kompaktere Schritte und setzen auf dem Vorfuß auf. Da Sie wahrscheinlich wie alle anderen westlich zivilisierten Menschen auch seit Geburt an Schuhe getragen haben, können Sie natürlich nicht von heute auf morgen einen Marathon barfuß bestreiten, wie es der Äthiopier Abebe Bikila 1960 tat, als er die olympische Goldmedaille gewann. Wenn Sie jedoch langsam mit dem Barfußlaufen beginnen, wird es nur Vorteile für Sie haben.

Barfußlaufen stärkt Ihre Füße und Fußgelenke. Stabilität sollte nicht von künstlichen Mitteln wie breiten Sohlen, festem Obermaterial oder Einlagen kommen, sondern von starken Muskeln, Gelenken und Bindegeweben. Indem Sie diese Stabilität entwickeln, anstatt sie zu kaufen, reduzieren

Sie das Risiko für häufige Laufverletzungen beträchtlich [1].

Der Fußaufsatz ist mitbestimmend für die richtige Ausrichtung des ganzen Körpers. Wenn Sie zu weit vorn aufkommen, oder sogar auf der Ferse, verliert Ihr Körper seine Form. Barfußlaufen zwingt Sie zu einer besseren Ausrichtung von den Füßen bis zu den Haarspitzen. Dazu kommt eine kurze Bodenkontaktzeit und damit eine verbesserte Nutzung der Muskelelastizität.

Beginnen Sie langsam mit dem Barfußlaufen. Vielleicht gehen Sie zunächst sogar nur barfuß, um die Haut unter Ihren Füßen an die neue Belastung zu gewöhnen. Am besten können Sie am Strand, auf der Laufbahn oder auf dem Rasen eines Sportplatzes barfuß laufen. Hier ist die Gefahr am geringsten, dass Ihnen harte oder sogar scharfe Gegenstände in die Quere kommen und Ihre Füße verletzen. Sand ist am effektivsten um Ihre Füße zu kräftigen, auf der Laufbahn oder auf kurz gemähtem Rasen bekommen Sie dafür ein präziseres Feedback vom Boden.

Fangen Sie mit kurzen Wiederholungen an, vielleicht nur 25 Meter. Steigern Sie sich allmählich, wenn Sie sich barfuß wohlfühlen. Denken Sie daran, das Ziel der Übung ist, Kraft und Stabilität zu entwickeln, nicht Ausdauer. Es geht nicht darum, wie viele Kilometer Sie hier zurücklegen.

Später, viel später, können Sie vielleicht sogar einen Crosslauf barfuß machen. Das klingt vielleicht unheimlich, aber wenn Ihre Füße daran gewöhnt sind, ist es kein Problem, barfuß auf Wald- oder Feldwegen zu laufen – in vollendeter Harmonie mit der Natur.

[1] Robbins, S.E., Hanna, A.M. (1987): Running-related injury prevention through barefoot adaptations. Med. and Science in Sports and Exercise, Vol 19, S. 148 - 156.

5. Akt, 10. Kapitel

Beweglichkeit schulen

„Leben ist Bewegung und ohne Bewegung findet Leben nicht statt."
Moshe Feldenkrais

Als Läufer sollten Sie sich um Ihren Körper kümmern, um die beste Leistung zu erzielen und mechanischem Versagen vorzubeugen. Unter den Schwimmern, Radfahrern und vielen anderen Sportlern finden sich ehemalige Läufer, deren Körper anscheinend der Belastung des Laufens nicht mehr gewachsen war. Doch nicht das Laufen an sich war das Übel, sondern die mangelhafte Technik und die unzureichende Vorbereitung des Körpers auf die Belastungen des Laufens.

Die Vernachlässigung des Beweglichkeitstrainings ist fast immer ein zeitliches Problem und irgendwie kennen wir es alle: Warum Zeit auf etwas verschwenden, was scheinbar keine Verbindung zu unserer Leistung hat? In der Hektik des modernen Lebens ist es nicht immer einfach, ein paar Stunden für das Lauftraining freizuhalten. Das hat eine einfache Rechnung zur Folge: Dehnen ist verlorene Zeit für das Laufen, und weniger Laufen bedeutet langsamer laufen, nicht schneller. Dazu kommt, dass es einfach nicht in unsere Gewohnheiten passt, etwas anderes zu tun, als was uns Freude bereitet.

Viele kennen die Geschichte von Lance Armstrong und seinem Comeback nach der Krebserkrankung. Er wurde von einem starken Eintagesfahrer zum erfolgreichsten Rundfahrer der Welt. Nach seinen aufeinanderfolgenden Siegen bei der Tour-de-France 1999 und 2000 stellte sich die Frage, wie er sich noch weiter verbessern könnte.

Er beantwortete diese Frage mit einer neuen Komponente in seiner Vorbereitung auf die Tour 2001: ein tägliches, einstündiges Beweglichkeitsstraining. Der Erfolg gab ihm recht, er dominierte in diesem Jahr sowohl die Tour de Suisse als auch die Tour de France. Die gesteigerte Beweglichkeit verbesserte nicht nur seine Kraft, sondern vor allem seine Erholungsfähigkeit – ein kritischer Faktor bei langen Rundfahrten. Während fünf Wochen intensiven Rennens auf höchstem Niveau im Juni und Juli 2001 hatte er nicht einen einzigen schlechten Tag. Er zeigte nie eine Schwäche und machte damit seinen Konkurrenten klar, dass sie keine Chance hatten, ihn zu besiegen.

Es gibt drei Komponenten, die zur Beweglichkeit beitragen:

1. Beweglichkeit der Gelenke
2. Elastizität der Bänder und Sehnen
3. Entspannungsfähigkeit der Muskulatur

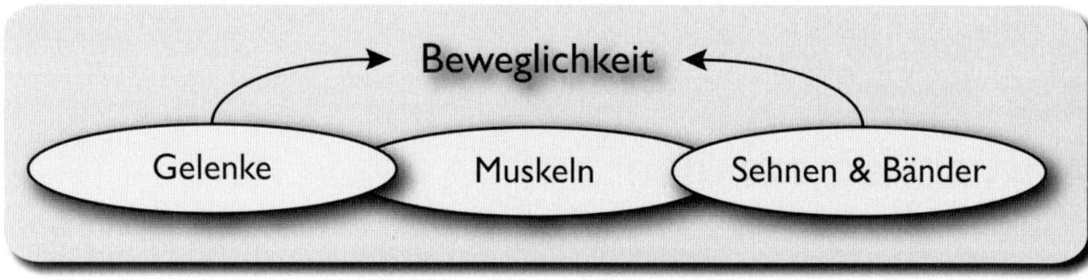

Komponenten der Beweglichkeit

Wenn Sie am Morgen aufwachen und Ihre Knochen schmerzen, ist die Vorstellung, Ihre Zehen zu berühren wahrscheinlich ziemlich abwegig. Es sind Ihre Gelenke, die noch nicht geschmiert sind und daher nicht reibungslos funktionieren. Das Knarren und Knirschen in den Gelenken ist nicht nur eine Alterserscheinung, sondern ein Zeichen von Vernachlässigung. Zum Glück können wir eine Menge dafür tun, um die vollständige Beweglichkeit unserer Gelenke wiederherzustellen. Sie wollen doch auch nicht mit einem quietschendem Auto oder Fahrrad fahren – warum sollten Sie also mit Gelenken laufen, die schmerzen und knirschen?

In enger Verbindung mit den Gelenken arbeiten die Bänder, Knorpel und Sehnen – diese Bindegewebe dienen als Schnittstelle zwischen Gelenken, Knochen und Muskeln und sorgen dafür, dass alles reibungslos zusammen funktioniert. Was die Beweglichkeit für die Gelenke ist, ist die Elastizität für das Bindegewebe. Ohne Elastizität verliert es seine Funktion als Puffer und die mechanische Belastung verschiebt sich auf die Gelenke, die Knochen und die Muskeln. Ein erhöhtes Verletzungsrisiko ist die Folge.

Da alle diese Strukturen so eng zusammenarbeiten, macht es Sinn, sich gemeinsam um ihre Bedürfnisse zu kümmern. Das zugrunde liegende Prinzip ist einfach: Es gibt keine unwichtigen Teile im menschlichen Körper. Auch wenn die Hamstrings die Arbeitspferde des Läufers sind, spielt jede Faser Ihres Körpers eine wichtige Rolle für die Leistungsfähigkeit und muss dementsprechend gepflegt werden. Vom kleinsten Gelenk bis zum größten Muskel – alles braucht seine Beachtung.

Auch wenn die Natur einige mit mehr Beweglichkeit gesegnet hat als andere, können wir uns doch alle mit wenig Aufwand verbessern. Die Beweglichkeitsübungen beginnen bei den Fingern und gehen über die Hände, Handgelenke, Ellbogen, Schultern, Wirbel, Hüften, Knie und Fußgelenke bis zu den Zehen. Diese Übungen sind sehr einfach und brauchen nicht viel Zeit. Bewegen Sie die Gelenke in alle Richtungen, strecken und beugen Sie sie behutsam, bringen Sie sie in Bewegung. Überstürzen Sie diesen Prozess nicht, nehmen Sie sich die Zeit, um zu spüren, wie Ihre Gelenke flexibler werden und wie die Wärme des umliegenden Gewebes in die Gelenke fließt. Sie werden erleben, wie gut es sich anfühlt, alles in Bewegung zu bringen.

Auf den ersten Blick scheint es widersprüchlich zu sein, dass die Fähigkeit der Muskeln zu arbeiten von Ihrer Fähigkeit zu entspannen abhängt. Aber entspannte Muskeln sind die Voraussetzung für flüssige Bewegungen; verkrampfte Muskeln führen zu eckigen Bewegungen und schlechten Leistungen. Denken Sie an die Zeitlupenaufnahmen von olympischen Sprintern. In diesen Bildern scheinen die Muskeln fast flüssig zu sein, sie bewegen sich trotz der enormen Anstrengungen völlig frei. Sprinter mit verkrampften Muskeln sind oft diejenigen, die mit einer Zerrung der Hamstrings vom Platz gehen müssen. Muskeln arbeiten durch Ausdehnung und Anspannung. Wenn ein Muskel bei voller Ausdehnung nicht entspannt ist, kann schnell eine Zerrung oder ein Riss die Folge sein. Er lässt sich also nur soweit dehnen, wie er entspannt bleibt. In dem Moment, wo die Dehnung die Entspannung übersteigt, kann das böse Folgen haben. Es ist ein Schlüsselelement jedes Trainings, die Muskeln auf Entspannung bei voller Dehnung vorzubereiten.

Bevor Sie jetzt die Gymnastikmatte herausholen, sollten Sie wissen, dass Beweglichkeit in erster Linie ein psychoemotionales Phänomen ist: Beweglichkeit ist ein Zustand des Geistes. Egal ob Sie diese Übungen einfach Dehnen oder Yoga nennen, die Idee ist nicht, an den Muskeln zu ziehen, sondern die Bewegungen auszuführen, die in den Übungen beschrieben werden. Beweglichkeit ist ein Nebenprodukt der Bewegung.

Das einfache Berühren des Bodens mit gestreckten Beinen ist ein sehr gutes Beispiel: Wenn Sie nicht gewohnt sind, diese Bewegung zu machen, werden Sie vielleicht schon Schwierigkeiten haben, Ihre Fußgelenke zu erreichen. Diese Position auch noch einige Zeit zu halten, scheint fast unmöglich. Beim dritten oder vierten Versuch kommen Sie dann schon bis zu Ihren Zehen und können zehn oder mehr Sekunden dort bleiben. Nach einiger Zeit regelmäßigen Dehnens sollten Sie in der Lage sein, Ihre Handflächen flach auf den Boden zu legen, und diese Position für mehr als eine halbe Minute zu halten. Wenn sich Ihre Muskeln (und das Bindegewebe) an die Dehnung gewöhnt haben, können Sie sich in einer Position entspannen, die Sie vor einigen Wochen noch nicht einmal erreicht haben.

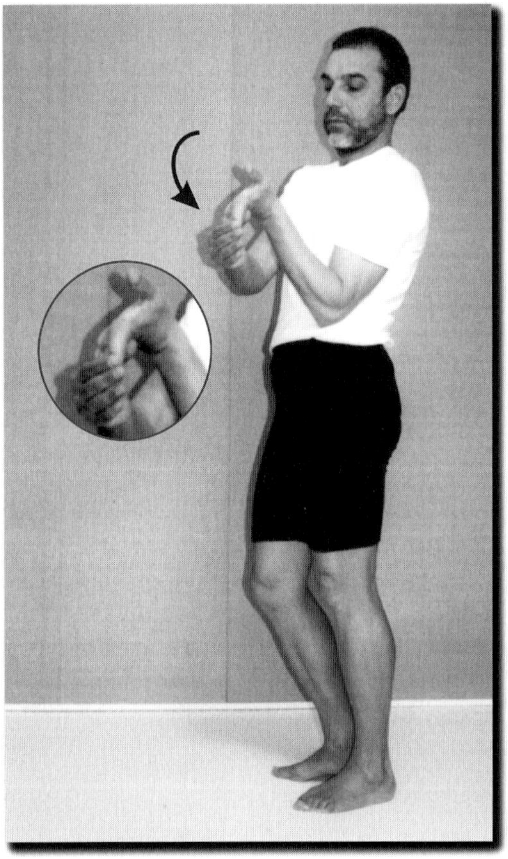

1

Ziehen Sie Ihre Finger nach unten und dehnen Sie Ihre Hand

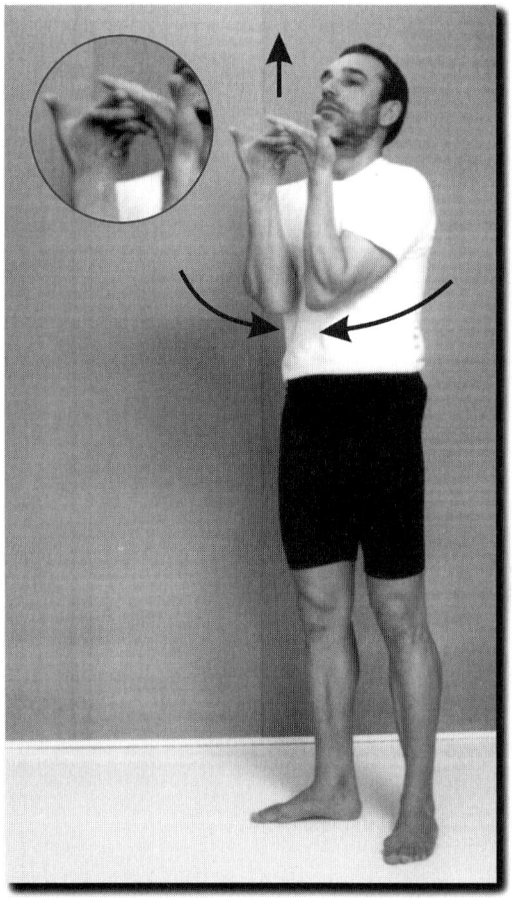

Verschränken Sie die Finger vor Ihrer Brust mit den Handflächen nach oben gerichtet – dehnen Sie die Finger, indem Sie die Ellbogen zusammenbringen

2

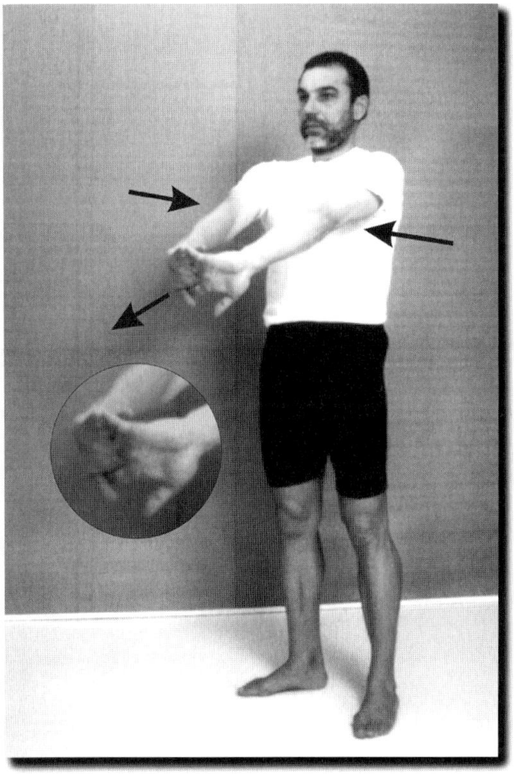

3

Strecken Sie die Arme mit verschränkten Fingern, die Handflächen sind nach außen gerichtet

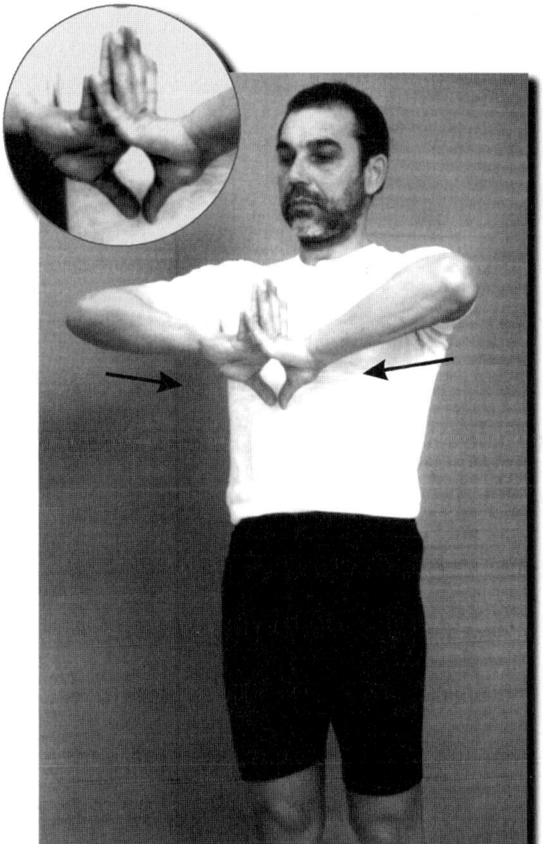

Drücken Sie Ihre Finger vor der Brust zusammen, die Ellbogen sind zur Seite gerichtet

4

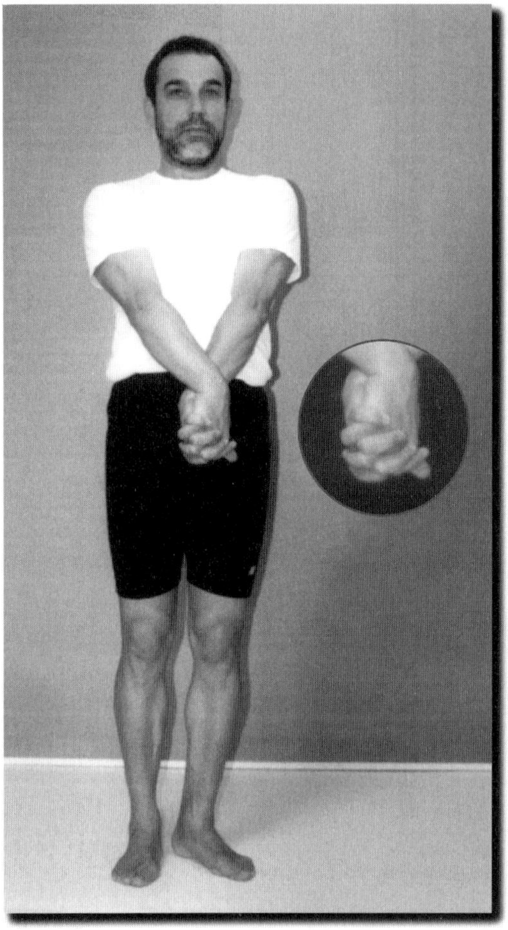

5

Halten Sie die Arme über Kreuz und verschränken Sie die Finger ineinander – drehen Sie von hier aus die Hände ein- und auswärts (Abbildung 6)

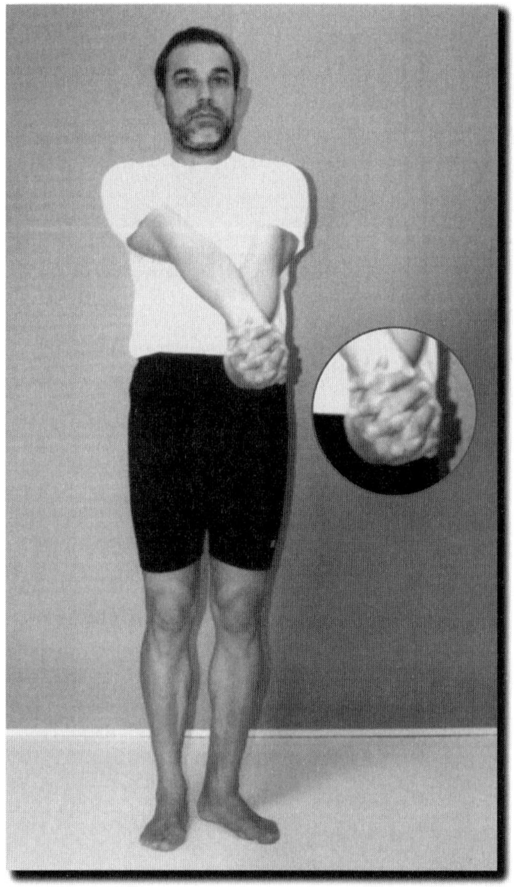

6

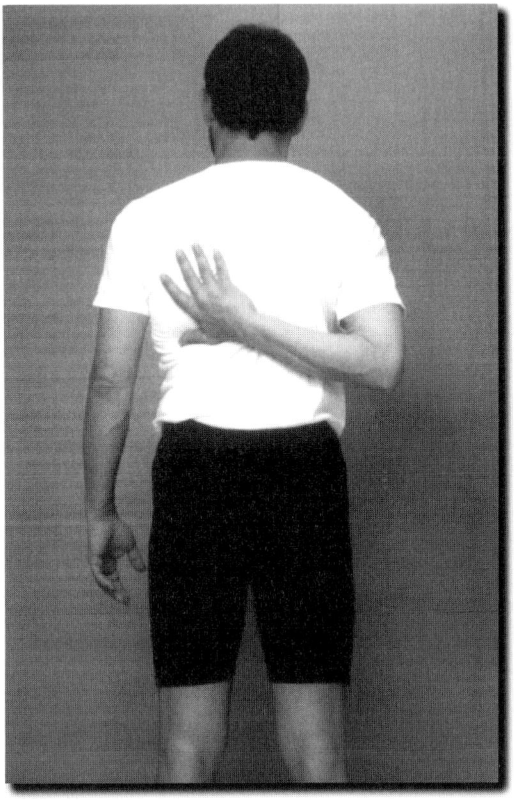

7

Berühren Sie mit der Hand das gegenüberliegende Schulterblatt

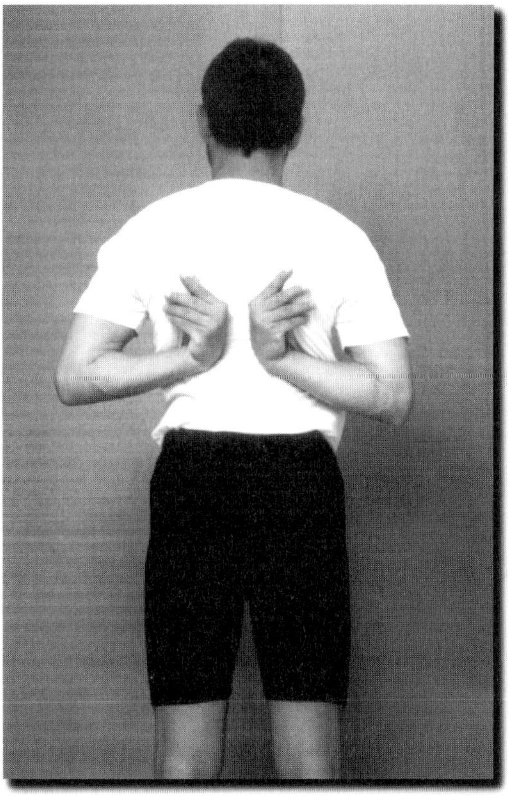

Berühren Sie mit beiden Händen die Schulterblätter

8

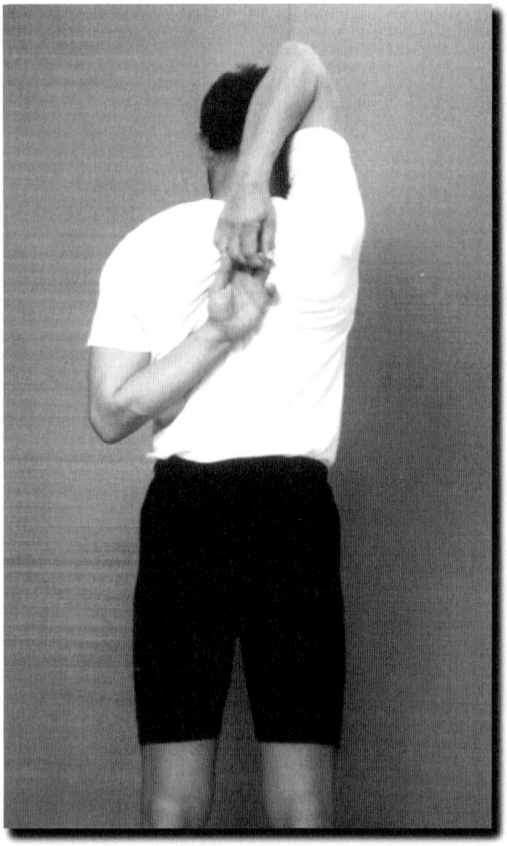

9

Berühren Sie Ihre Finger hinter dem Rücken

Legen Sie die Handflächen hinter dem Rücken aneinander

10

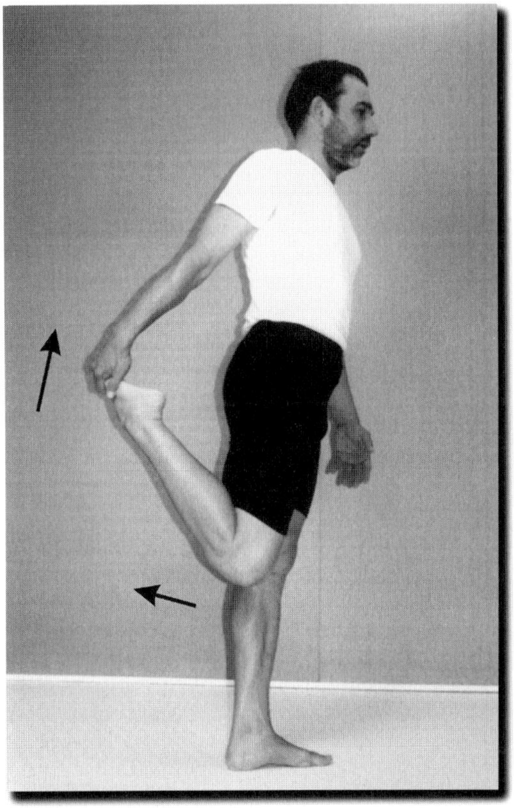

11

Stehen Sie auf einem Bein und ziehen Sie die Zehen in Richtung Hüfte

Stehen Sie auf einem Bein, halten Sie den anderen Fuß hinter der Hüfte und beugen Sie sich nach vorn über, bis Sie mit der Hand den Boden berühren

12

13

Tiefer Ausfallschritt nach vorn

Tiefer Ausfallschritt nach vorn, legen Sie die Ellbogen und Unterame auf den Boden

14

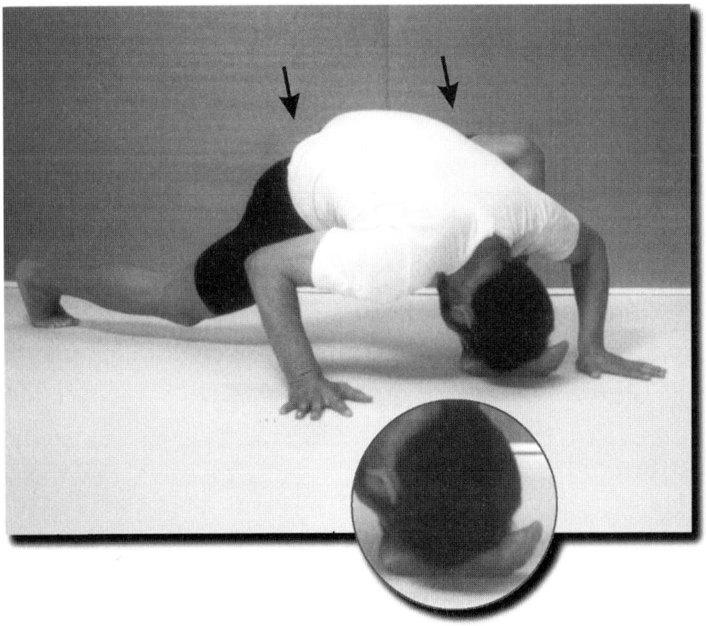

15

Tiefer Ausfallschritt nach vorn, berühren Sie den vorderen Fuß mit der Stirn

Tiefe Kniebeuge seitwärts, verlagern Sie Ihr Gewicht von einer Seite auf die andere

16

17

Tiefe Kniebeuge seitwärts, beugen Sie sich nach vorn und strecken Sie die Arme zum Boden

Tiefe Kniebeuge auf einem Bein – beugen Sie sich über das gestreckte Bein und berühren Sie das Knie mit der Stirn und die Zehen mit der gegenüberliegenden Hand

18

19

Beugen Sie sich im Schneidersitz nach vorn und strecken Sie die Arme nach vorn zum Boden

Beugen Sie sich im Schneidersitz nach vorn und berühren Sie den Boden mit der Stirn

20

21

Legen Sie die Fußsohlen aneinander und berühren Sie die Zehen mit der Stirn

Kleiner Hürdensitz – die Hände greifen die Füße, beugen Sie sich mit der Stirn zum Boden

22

23

Ein Bein ist gebeugt, das andere darüber gekreuzt – beugen Sie sich mit der Stirn zu den Zehen und strecken Sie den Arm derselben Seite zum Boden

Fassen Sie einen Fuß mit beiden Händen und berühren Sie das Knie mit der Stirn – die Beine bleiben beide gestreckt

24

25

Legen Sie die Arme um beide Beine, die Stirn liegt an den Knien – halten Sie das Gleichgewicht

26

Füße in Schrittstellung, beugen Sie sich nach vorn und berühren Sie den Boden mit den Händen

Füße in enger Schrittstellung, die Zehen des hinteren Fußes direkt an der Ferse des vorderen

27

28

Füße in Schrittstellung, die Zehen des vorderen Fußes werden nach oben gezogen

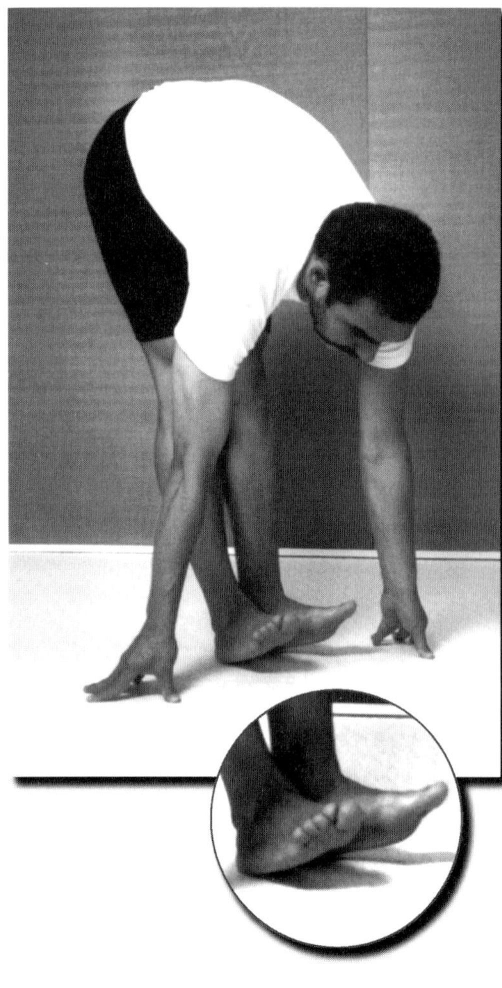

Beide Füße zusammen und Zehen nach oben gezogen

29

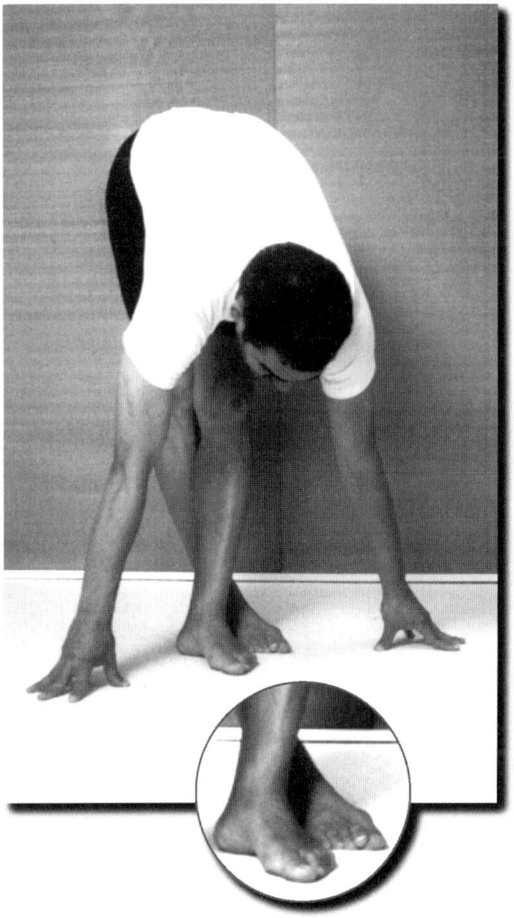

30

Beine gekreuzt und die Fußsohlen flach am Boden

Beine gekreuzt und die Füße auf der Außenseite

31

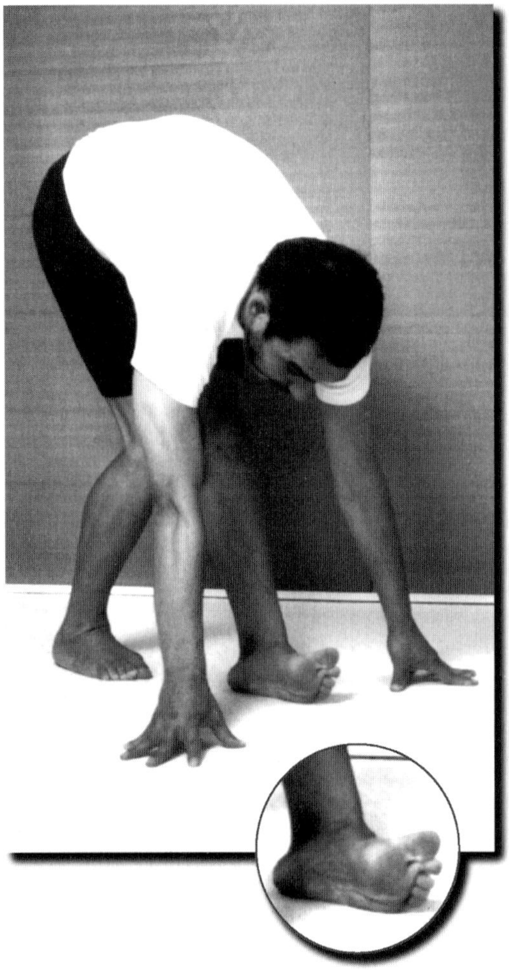

32

Füße voreinander, der vordere Fuß steht auf der Außenseite

Beide Füße stehen parallel auf den Außenseiten

33

34

Füße zusammen, die Arme gestreckt hinter dem Rücken – beugen Sie sich nach vorn mit der Stirn zu den Knien

Fersen zusammen, die Zehen zeigen nach außen

35

36

Die Füße stehen voreinander, die Zehen zeigen nach außen

Die Füße weit auseinander, die Hände fassen die Fußgelenke

37

38

Beugen Sie sich mit der Stange nach vorn zum Boden

Die Beine sind gestreckt und zusammen – halten Sie die Stange über den Kopf und beugen Sie sich mit der Stirn zu den Knien

39

40

Die Beine sind in einer leichten Grätsche – beugen Sie sich mit der Stange in beiden Händen über einen Fuß

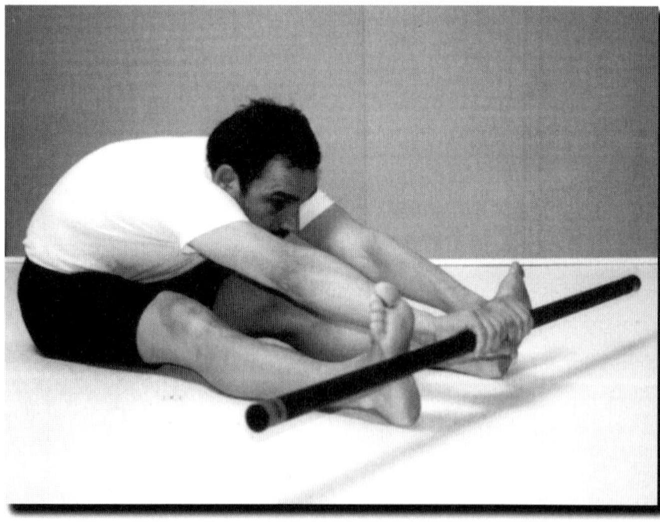

Die Beine sind fast parallel – beugen Sie sich mit der Stange in beiden Händen über die Füße

41

5. Akt, 11. Kapitel

Trainingsbeispiele

„Die Praxis sollte das Ergebnis des Nachdenkens sein, nicht umgekehrt."

Hermann Hesse

In diesem Kapitel stelle ich Ihnen zwei Beispiele vor, wie eine Trainingseinheit zum Erlernen der Pose-Methode aussehen könnte; eines für Anfänger und eines für Fortgeschrittene. Wenn Sie mit einem Pose-Coach zusammenarbeiten, bekommen Sie dort Empfehlungen, wie Sie Ihr Training gestalten sollten. Wenn Sie diese Möglichkeit jedoch nicht haben, sollten Sie die hier vorgestellten Beispiele als Anhaltspunkt für Ihr eigenes Training verwenden.

Mit Pose gibt es nur ein Kriterium, das die Länge oder die Intensität der Trainingseinheit bestimmt: die Technik bzw. Ihre physiologischen, psychischen und mentalen Fähigkeiten, die Technik beizubehalten. Dabei geht es immer um die drei einfachen Elemente Pose, Fallen, Ziehen sowie deren zeitliche und räumliche Beziehung. Darauf sollte Ihre volle Aufmerksamkeit gerichtet sein, nicht auf „hartes Training" – das ist wenig zielorientiert und trägt nicht zur Entwicklung Ihrer technischen Fertigkeiten bei.

Wenn sie länger oder schneller laufen, als Sie eigentlich in der Lage sind, wird sich Ihre Technik verschlechtern: Sie überschreiten Ihre momentanen physiologischen, psychischen und mentalen Grenzen, so dass Ihre technische Entwicklung davon nicht mehr profitieren wird – im Gegenteil, sie wird gestört.

Deshalb sollten Sie sich am Anfang auf die vielen verschiedenen Übungen mit anschließenden kurzen Läufen konzentrieren. Damit schulen Sie Ihre Wahrnehmung der idealen Technik. Später können Sie dann die Schwierigkeit der Übungen immer weiter steigern und Intervall- und Ausdauerläufe in das Training integrieren.

Beginnen Sie in den ersten zwei Wochen mit drei Trainingseinheiten pro Woche. Jede Einheit beansprucht etwa 20-30 Minuten. Wenn Sie nach diesen zwei Wochen keinen Muskelkater mehr von den Übungen bekommen, können Sie den Umfang und die Schwierigkeit der Übungen langsam steigern. Gehen Sie nach jeder Übung zu Ihrem Ausgangspunkt zurück und rekapitulieren Sie Ihre Eindrücke. Machen Sie die Übungen immer auf beiden Seiten, also zum Beispiel die einbeinige Lauf-Pose sowohl auf dem rechten, als auch auf dem linken Bein.

Eine Trainingseinheit für Anfänger

Aufwärmen

Seilspringen	3x10 Wiederholungen
Sprünge in der beidbeinigen Lauf-Pose	3x10 Wiederholungen

Pose-Übungen

Lauf-Pose auf beiden Beinen mit leichtem Federn	20 Sekunden
Lauf-Pose auf einem Bein	20 Sekunden

Fall-Übungen

Aus der beidbeinigen Lauf-Pose an eine Wand/Stange fallen	10 Wiederholungen
Aus der einbeinigen Lauf-Pose an eine Wand/Stange fallen	10 Wiederholungen
Kreuzschritte zur Seite	10 Meter

Zieh-Übungen

Pony auf der Stelle	10 Wiederholungen
Wechsel des Supports auf der Stelle	10 Wiederholungen
Fuß-Tapping auf der Stelle	20 Wiederholungen

Integrations-Übungen

Pony vorwärts	10 Wiederholungen
Wechsel des Supports vorwärts	10 Wiederholungen
Fuß-Tapping vorwärts mit Zwischenhüpfer	10 Wiederholungen
Front Lunge vorwärts	10 Wiederholungen

Nach jeder Übung 30 Meter laufen und das Gefühl aus der Übung beibehalten!

Abschluss

Schwungübungen im Stehen nach vorn, nach hinten und zur Seite	2x10 Wiederholungen
Hüftübung mit Gesicht nach oben und beiden Händen und beiden Füßen auf dem Boden	2x10 Wiederholungen
Hüftübung mit Gesicht nach unten und beiden Händen und beiden Füßen auf dem Boden	2x10 Wiederholungen

Eine Trainingseinheit für Fortgeschrittene

Aufwärmen

Lockeres Laufen	5 - 10 Minuten
Seilspringen auf beiden Füßen/einem Fuß	8x20 Wiederholungen
Sprünge in der beidbeinigen Lauf-Pose	3x20 Wiederholungen

Pose-Übungen

Lauf-Pose mit geschlossenen Augen	20 Sekunden

Fall-Übungen

Laufen mit der Hand eines Partners auf dem Rücken	30 Meter
Laufen mit der Hand eines Partners vor der Brust	30 Meter

Zieh-Übungen

Wechsel des Supports mit Zugseilen	20 Wiederholungen
Wechsel des Supports gegen eine Wand gelehnt	20 Wiederholungen
Front Lunge links/rechts abwechselnd	20 Wiederholungen

Integrations-Übungen

Laufen mit den Armen vor dem Körper	30 Meter
Bergablaufen an einem leichten Gefälle	100 - 200 Meter
Skipping links/rechts abwechselnd	20 Wiederholungen
Laufen mit Zugseilwiderstand von hinten	30 Meter

Nach jeder Übung eine kurze Strecke laufen und das Gefühl aus der Übung beibehalten!

Freies Laufen

Steigerungsläufe bis 90% des Maximums	2x80 Meter
Schnelle Läufe mit 90% des Maximums	2x200 Meter

Abschluss

Locker barfuß laufen	5 - 10 Minuten
Lauf-Pose, Pony, Wechsel des Supports, Front Lunge	je 10 Wiederholungen
Verschiedene Hüftübungen mit Gesicht nach oben, unten und auf beiden Seiten	je 2x10 Wiederholungen

6. Akt

Das Ziel

„Ich kann es selbst noch gar nicht so richtig glauben, aber ich laufe wieder! Manchmal wache ich mitten in der Nacht auf und muss mich erst einmal vergewissern, dass nicht alles nur ein schöner Traum war. Aber es ist kein Traum, mein Traum ist Wirklichkeit geworden.
Ich mache jeden Tag Fortschritte, Schritt für Schritt, Pose für Pose.
Natürlich habe ich noch einen langen Weg vor mir ...“

6. Akt, 1. Kapitel

Von den Übungen zum Laufen

„Selbst die längst Reise beginnt mit dem ersten Schritt."

Lo-Tzu

Wenn Sie allmählich die Distanz Ihrer Läufe steigern, ist die primäre Herausforderung nicht physisch, sondern mental. Bevor Sie die Pose-Methode kennen gelernt haben, haben Sie sich vor und während des Laufens nur Gedanken darüber gemacht, wo lang, wie schnell und wie weit Sie laufen – abgesehen von den vielen persönlichen und alltäglichen Dingen, die sich in den einsamen Stunden auf Straßen und Wegen langsam einschleichen. Sie haben wahrscheinlich nie darüber nachgedacht, wie Sie überhaupt laufen. Laufen war wie ein Reflex.

Das sollte sich jetzt ändern – alles, woran Sie denken sollten, ist der Wechsel des Supports von einem Fuß zum anderen. Sie müssen mit Ihren Gedanken und Gefühlen voll und ganz bei dem sein, was Sie gerade tun. Wie das Sprichwort am Anfang dieses Kapitels schon sagt: Selbst die längste Reise beginnt mit dem ersten Schritt. Machen Sie diesen ersten Schritt so gut wie möglich – damit legen Sie einen guten Grundstein für die weitere Reise.

Das Ziel dieser Reise, also das, was Sie mit Ihrem Training der Pose-Methode erreichen wollen, ist die Perfektion jedes einzelnen Schritts. Dabei spielt es zunächst keine Rolle, wie schnell oder wie weit Sie laufen, solange Sie perfekte Schritte machen. Es ist wirklich so einfach – aber einfach bedeutet nicht leicht! Es bleibt Ihnen nicht viel mehr als die Zeit eines Wimpernschlages, um die richtigen Aktionen auszuführen. Ein langer Lauf sind nur viele perfekte Schritte nacheinander, die alle in sehr kurzer Zeit stattfinden.

Um das Ganze zu vereinfachen und zugleich entspannt und konzentriert zu bleiben, fokussieren Sie Ihre Gedanken und Ihre Handlungen auf das, was Sie bewusst kontrollieren können: den Fuß unter der Hüfte nach oben zu ziehen. Das hört sich einfach an, aber je länger Sie laufen, desto mehr beschäftigen sich Ihre Gedanken damit, wie Sie sicher über die Straße kommen, wie Sie mit einem gefährlich aussehenden Hund umgehen oder wie Sie ein bestimmtes Tempo beibehalten. Während all das in den Vordergrund rückt, kommen Ihnen plötzlich eine Situation von der Arbeit oder die Pläne für das Wochenende in den Sinn. Die Müdigkeit schleicht sich ein. Ihr Geist, der zu Beginn so auf die Technik, und speziell das Ziehen konzentriert war, beschäftigt sich mittlerweile mit einem halben Dutzend anderer Probleme.

Das Ergebnis ist eine Verschlechterung der Technik, an der Sie so fleißig gearbeitet haben.

Selbst wenn Sie sich nicht müde fühlen, ist es in diesem Moment die beste Entscheidung, stehen zu bleiben. Entweder legen Sie eine Pause ein, um Ihre Gedanken zu sammeln oder Sie beenden das Training für diesen Tag. Wichtig ist, dass Sie nur laufen, wenn Sie sich auf den Akt des Laufens konzentrieren können. Wenn Sie weitermachen, obwohl Ihre Technik bereits den Bach hinunter gegangen ist, trainieren Sie nur, schlecht zu laufen.

Genauso können Ablenkungen und mangelnde Aufmerksamkeit Ihre langfristigen Pläne stören. Wenn Sie sich entschließen, die Pose-Methode zu erlernen, treibt Sie Ihr Eifer, die Technik zu verbessern und die Früchte dieser Arbeit zu ernten. Aber mit der Zeit wird Ihr Enthusiasmus für den Lernprozess vielleicht abnehmen und das Bedürfnis wird sich einschleichen, einfach mal Laufen zu gehen, ohne über die Technik nachzudenken. Vielleicht entscheiden Sie auch irgendwann, einige Elemente der Pose-Methode beizubehalten, mit denen Sie sich wohlfühlen, und es dabei bewenden zu lassen. Aber indem Sie andere, genauso wichtige Elemente außen vor lassen, bleiben Sie in einer für Sie komfortablen Zone, in der Sie sich nicht weiter verbessern werden. Ihre Leistung stagniert.

Interessanterweise ist die rein physische Ermüdung der unwichtigste Faktor, wenn es darum geht, länger und schneller mit Pose zu laufen. Gute Läufe sind genauso wie herausragende Leistungen im Golf, Ballett oder in der Gymnastik die physische Manifestation extrem starker mentaler Fähigkeiten. Wenn Sie stagnieren und sich Ihre Zeiten nicht weiter verbessern, haben Sie keine physische Grenze erreicht; Sie haben eine unbewusste Entscheidung getroffen, nicht schneller zu laufen und die Entwicklung gestoppt. Ihre psychoemotionale Verfassung legt die Grenzen Ihrer Leistungsfähigkeit fest.

Durch die Reduzierung des Laufens auf seine elementarste Form, das Hochziehen der Füße unter der Hüfte, steigt die Bedeutung unserer mentalen Fähigkeiten. Die Technik der Pose-Methode ist mehr als nur die Mechanik des Laufens. Sie ist ein ganzheitlicher Zugang, der Ihre volle Aufmerksamkeit erfordert.

Die mentale Fähigkeit, die ideale Technik von Anfang bis Ende beibehalten zu können, ist die wichtigste Komponente Ihrer Leistungsfähigkeit. Denn es ist nicht zuerst die physische, sondern die mentale Ermüdung, die Ihre Technik verschlechtert. Wenn Ihre Konzentration verloren geht, verschlechtert sich auch Ihre Technik und die physische Müdigkeit setzt sich durch. Wenn Sie dagegen Ihre Konzentration aufrecht erhalten können, können Sie die physische Ermüdung hinauszögern.

Das Erlernen der Pose-Methode ist eine lebenslange Aufgabe, angefangen von den einfachen mechanischen Bewegungen bis hin zu der Komplexität mentaler Fähigkeiten. In diesem Prozess gibt es keine Pausen, Sie müssen ständig aufmerksam bleiben und dazulernen. Jeder Lauf ist eine Chance, Ihre Fähigkeiten weiter zu verbessern; jedes Rennen ist eine Erkundung Ihrer physischen und geistigen Möglichkeiten.

Mit der Zeit werden Sie dabei immer weniger an das Laufen mit der Pose-Methode denken: Pose *ist* Laufen - schlicht und einfach.

6. Akt, 2. Kapitel

Die fünf häufigsten Fehler

„Der schlimmste aller Fehler ist,
sich keines solchen bewusst zu sein."
Thomas Carlyle

Sie haben jetzt alle Übungen kennengelernt, um die Pose-Methode zu lernen. Bei der praktischen Umsetzung entstehen aus meiner Erfahrung im Wesentlichen fünf Probleme.

Experimentieren

Viele Läufer versuchen, den Weg zur Pose-Methode abzukürzen. Lassen Sie keine Schritte aus dem Leitfaden aus! Konzentrieren Sie sich auf die Übungen für Anfänger und experimentieren Sie nicht mit einzelnen Elementen der Pose-Methode herum. Manche Menschen versuchen zum Beispiel, nur das Fallen oder den Fußaufsatz auf dem Fußballen in ihren Laufstil zu integrieren. Aber die Pose-Methode ist ein zusammenhängendes System; wenn Sie nur einzelne Teile daraus nehmen, werden Sie nicht den erhofften Erfolg haben. Im Gegenteil: Es steigt sogar die Gefahr, sich zu verletzen.

Unmittelbare Ergebnisse erwarten

Erwarten Sie nicht, morgen Ihr bestes Rennen zu laufen, wenn Sie heute mit Pose begonnen haben. Geben Sie sich Zeit und lernen Sie mit einem offenen Geist. Es kann zwei bis drei Monate dauern, bis sich das Laufen mit Pose vertraut anfühlt.

Zu viel auf einmal machen

Auch wenn es Ihnen unter den Fingernägeln brennt, Ihre neuen Erkenntnisse in der Praxis auf die Probe zu stellen – seien Sie geduldig! Da Pose andere Muskelgruppen beansprucht, als Sie es gewohnt sind, müssen Sie sich darauf gut vorbereiten. Es ist normal, in den ersten zwei bis drei Wochen Muskelkater in den Waden zu verspüren, aber wenn diese Probleme länger anhalten, ist es ein klares Zeichen für eine falsche Umsetzung der Pose-Methode.

Sich in Details verrennen

Ja, die Pose-Methode und ihre Regeln und Übungen wollen gelernt werden, aber denken Sie nicht zu viel darüber nach und versuchen Sie nicht zu krampfhaft, alles perfekt zu machen. Die Regeln sollen Richtlinien sein und Ihnen helfen, nicht Ihnen Kopfschmerzen bereiten. Die Übungen helfen Ihnen dabei, die richtigen Bewegungen zu lernen und sie zu verinnerlichen. Verrennen Sie sich nicht in Details, vertrauen Sie Ihrem Körper. Er kann die Bewegungen ausführen, die er mit den Übungen gelernt hat. Sie müssen sich auf das Erlernen, nicht zu sehr auf das Ausführen der Bewegungen konzentrieren. Machen Sie eine Pause, wenn Sie sich im Kreis drehen und nicht weiter kommen.

Falsche Schuhe tragen

Wenn Sie die Pose-Methode lernen wollen, sollten Sie sich ein Paar flache Laufschuhe besorgen. Ihre alten, stark gedämpften Laufschuhe mit dicken Sohlen und hohem Aufbau unter der Ferse sind für das Laufen mit Pose nicht geeignet. Sie können sogar zu Verletzungen beitragen. Beim Lernen der Pose-Methode

- zwingt Sie der hohe Aufbau unter der Ferse dazu, zu weit vorn auf den Zehen zu laufen. Das kann zu Problemen in den Füßen und Unterschenkeln führen.
- verhindern dicke Sohlen und Dämpfungselemente die präzise Wahrnehmung des Körpergewichts auf Ihren Füßen.
- wird die richtige Ausführung der Technik durch das hohe Zusatzgewicht schwerer Laufschuhe gestört.

Konzentrieren Sie sich auf die Übungen für Anfänger, um Ihre Füße zu kräftigen. Trainieren Sie auch mal barfuß auf Rasen oder Sand (oder einem anderen sicheren Untergrund), um die natürliche Funktion Ihrer Füße zu entwickeln.

6. Akt, 3. Kapitel

Fehler erkennen und korrigieren

„Der Weg zu Weisheit? Er ist eigentlich ganz einfach.
Irren, irren und nochmal irren,
aber immer weniger und weniger."
Piet Hein

Die Pose-Methode definiert im Gegensatz zum vorherrschenden Paradigma im Laufsport einen klaren Standard der idealen Lauftechnik. Erst hierdurch wird eine Fehlerkorrektur überhaupt möglich: Ein Fehler ist eine Abweichung von diesem Standard. Damit haben Sie ein Werkzeug an der Hand, um Ihre Lauftechnik zu analysieren, Fehler zu erkennen und zu korrigieren.

Wenn die drei Elemente der Pose-Methode – Pose, Fallen, Ziehen – im richtigen Verhältnis zueinander stehen, passt alles zusammen. Die physische Anstrengung und die Bewegung der einzelnen Körperteile stehen in perfekter Harmonie zur Bewegung des gesamten Körpers. Fehler in der Lauftechnik stören diese Harmonie. Der Läufer gerät aus dem Rhythmus und die Bewegung zerfällt in ihre Einzelteile.

Auf jeden Fall sollten Anzeichen von Überlastungserscheinungen ein Warnsignal dafür sein, Ihre Technik zu überprüfen und aufgetretene Probleme zu korrigieren. Früher haben Sie vielleicht Ihre abgelaufenen Schuhe dafür verantwortlich gemacht – mit einer korrekten Pose-Technik ist das eher unwahrscheinlich. Viele Verletzungen weisen sehr direkt auf die Ursachen hin.

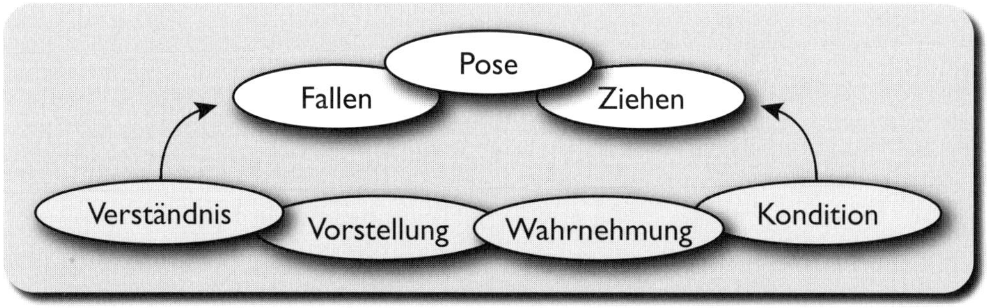

Faktoren, die die korrekte Ausführung der Elemente Pose, Fallen und Ziehen beeinflussen.

Wenn Sie den Fehler identifiziert haben, müssen Sie zuerst überprüfen, ob sie die Theorie der Pose-Methode in diesem Punkt richtig verstanden haben. Dann bilden Sie sich eine korrekte Bewegungsvorstellung vor Ihrem geistigen Auge und schulen die Wahrnehmung Ihrer Eindrücke mit spezifischen Übungen. Außerdem sollten Sie weiter an Ihrer Beweglichkeit und Ihren spezifischen Kraftvoraussetzungen arbeiten. Nur so können Sie die nötigen Veränderungen in der Bewegung vornehmen, um die Elemente der Pose-Methode korrekt auszuführen.

Ohne die zugrunde liegende Logik des Problems zu verstehen, werden Veränderungen in der Bewegung meist nur kurzfristig helfen. Die Probleme kommen zurück, sobald Sie Ihr normales Training wieder aufnehmen. Die Korrektur eines Fehlers ist nicht mit einem schnellen Handgriff getan. Sie müssen Ihr Gefühl für die richtige Bewegung neu kalibrieren. Nur wenn Sie das Problem von der Wurzel her beseitigen, werden Sie es auf lange Sicht lösen.

Denken Sie immer daran, dass die Antwort für die meisten Probleme sehr einfach ist: Erinnern Sie sich an das „Nichtstun-Prinzip"? Fast ausnahmslos alle Probleme haben ihre Ursache darin, dass Sie überflüssige Bewegungen machen und zu viel Kraft und Anstrengung investieren. Entspannen Sie sich und überlassen Sie der Schwerkraft die Arbeit.

6. Akt, 4. Kapitel

Fehler in der Lauf-Pose

Im Moment des Fußaufsatzes sollte die Position Ihres Körpers der Lauf-Pose so nahe wie möglich sein. Fehler entstehen dann, wenn Sie in diesem Moment noch zu weit von der Lauf-Pose entfernt sind. In diese Fehlerkategorie fallen:

1. Fußaufsatz vor dem Körper
2. Fußaufsatz auf der Ferse
3. Aktiver Fußaufsatz, wobei der Fuß vor dem Bodenkontakt aktiv nach unten beschleunigt wird

Die modernen, stark gedämpften Laufschuhe verschleiern die Schmerzen, die Ihnen eine schlechte Technik bescheren würde – aber dadurch wird die Technik selbst nicht besser. Wenn Sie vor dem Körper oder sogar auf der Ferse landen, steigt die Belastung der Gelenke, Bänder und Sehnen gewaltig. Gleichzeitig verlängert sich Ihre Bodenkontaktzeit und Ihre Schrittfrequenz wird im Gegenzug niedriger. Die Vorwärtsbewegung wird gebremst, da die Schwerkraft aus der Gleichung für den Vortrieb herausfällt. Alles in allem ist es ein schlechtes Geschäft, auch wenn es Ihnen nicht so weh tut, wie es eigentlich sollte.

Fußaufsatz auf der Ferse

Fußaufsatz vor dem Körper

Je weiter Sie Ihre Füße vor dem Körper aufsetzen (was Sie mit Sicherheit tun, wenn Sie auf der Ferse landen), desto länger dauert es, bis Sie die Lauf-Pose erreichen. Wie Sie wissen, ist die Lauf-Pose die einzige Position, aus der Sie vorwärtsfallen können. Mit anderen Worten: Sie können nichts anderes tun als warten, bis Ihr Körper den Fuß vor Ihnen eingeholt hat. Das bremst Sie mit jedem Schritt aus.

Bei einem aktiven Fußaufsatz beschleunigen Sie die Füße vor jedem Bodenkontakt aktiv nach unten. Aus der Perspektive der Pose-Methode ist dies ein Fehler, da der Fuß bereits von der

Schwerkraft nach unten beschleunigt wird. Jeder aktive Muskeleinsatz vergrößert die Belastung, die der Fuß beim Bodenkontakt verkraften muss. Wieso also Energie verschwenden, wenn sich der Fuß schon ganz von allein dorthin bewegt, wo Sie ihn hinhaben wollen?

Aktiver Fußaufsatz

Um diese Fehler zu korrigieren, müssen Sie das richtige Gefühl für den Fußaufsatz unter dem Körper und für das entspannte Fallenlassen des Fußes bekommen. Es gibt nur einen Weg, wie Sie Ihre Wahrnehmung diesbezüglich schulen können: mit spezifischen Übungen. Folgende Übungen sind hierfür besonders geeignet:

- Wechsel des Supports (#11)
- Pony (#12)
- Sprungübungen
- Seilspringen

All diese Übungen können Sie zusätzlich mit Zugseilen von den Fußgelenken zur Hüfte machen. Um Ihre Wahrnehmung weiter zu schärfen, können Sie auch barfuß auf Rasen oder Sand üben.

6. Akt, 5. Kapitel

Fehler beim Fallen

Der schwerere, obere Teil Ihres Körpers macht das Fallen einfach, aber Sie müssen dieses Gewicht auch kontrollieren können. Um effizient zu fallen, muss Ihr Oberkörper stark sein und eine entspannte, aufrechte Haltung ohne Ermüdung beibehalten können. Gleichzeitig muss er elastisch sein, um Stöße zu dämpfen.

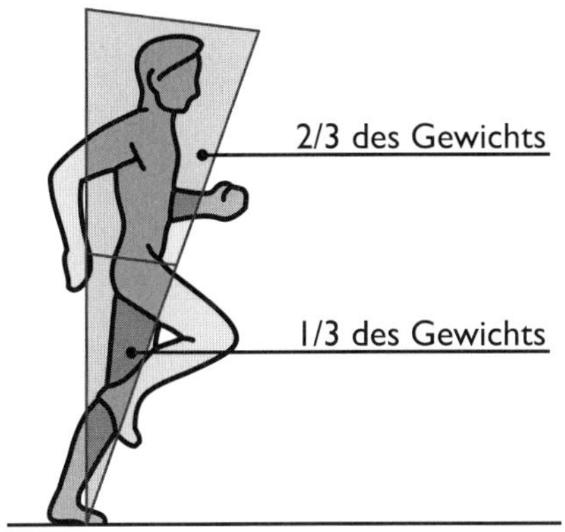

Es gibt zwei Hauptfehler, die ein effizientes Fallen behindern. Der erste Fehler ist das Nach-vorn-Beugen des Oberkörpers: Sie knicken in der Hüfte ab. Das kann entweder eine Folge von Ermüdung sein, oder Sie haben eine falsche Vorstellung oder ein falsches Gefühl davon, was es bedeutet, sich nach vorn zu lehnen, um die Schwerkraft zu nutzen. Mit Pose bedeutet Nach-vorn-Lehnen immer eine Neigung des ganzen Körpers aus dem Fußgelenk heraus. Wenn Sie nur den Oberkörper nach vorn beugen, erhöht sich die Spannung in Ihrer Rückenmuskulatur und Ihre Füße setzen viel zu weit vor dem Körperschwerpunkt auf, um das Ungleichgewicht des abgeknickten Oberkörpers zu kompensieren.

Abknicken des Oberkörpers

Rücklage des Oberkörpers

Der zweite Fehler ist, den Oberkörper nach hinten zu lehnen. Diese Haltung ist meist eine psychische Reaktion auf Ihre Ermüdung oder die Geschwindigkeit, der Sie sich noch nicht gewachsen fühlen. Sie lehnen sich unbewusst nach hinten, um auf die Bremse zu steigen. Aber statt der erhofften Erleichterung wird Ihre Vorwärtsbewegung dadurch nur noch schwerer. Ihre Füße setzen zu weit vor dem Körperschwerpunkt auf und Sie nehmen der Schwerkraft jede Chance, Ihnen zu helfen.

Üben Sie die Fall-Übungen für Anfänger, um Ihr Gefühl für die richtige, aufrechte Körperhaltung beim Fallen zu schulen. Eine gute Möglichkeit zur Selbstkontrolle ist es, diese Übungen vor einem großen Spiegel zu machen, um sicher zu gehen, dass Sie nicht in der Hüfte abknicken.

6. Akt, 6. Kapitel

Fehler beim Ziehen

Die Praxis hat gezeigt, dass die Anweisung, den Fuß gerade unter der Hüfte hochzuziehen, manchmal nicht so einfach umzusetzen ist, wie sie klingt. Folgende Fehler können dabei auftreten:

1. Zu spät ziehen
2. Zu stark ziehen
3. Abdrücken, statt zu ziehen
4. Das Knie hochziehen

Wenn Sie den Fuß zu spät hochziehen, bleibt er zu weit hinter dem sich nach vorn bewegenden Körper zurück; das Knie und das Fußgelenk sind vollständig gestreckt. Das vordere Bein kommt dadurch zu weit vor den Körper, um das Gleichgewicht zu halten. Außerdem wird die Arbeit der Hamstrings aus dieser Position schwieriger und die Hüftbeuger müssen aushelfen, um den Fuß zurück unter die Hüfte zu bringen. All das erzeugt viel zu viel unnötige Muskelspannung. Um diesen Fehler zu korrigieren, müssen Sie Ihre ganze Aufmerksamkeit auf das Hochziehen des Fußes mit den Hamstrings lenken. Fast alle Übungen, die Sie bis jetzt kennengelernt haben, schulen genau diesen Aspekt.

Behalten Sie bei all diesen Übungen immer im Hinterkopf, dass Sie damit Ihre Wahrnehmung der richtigen Bewegung schulen. Es ist kein physisches Training – es ist ein Training für Ihren Geist. Folgende Übungen sind besonders zur Korrektur dieses Fehlers geeignet:

- Fuß-Tapping (#10)
- Fuß-Tapping mit Zugseil (#14)
- Laufen vor einem Partner (#16)
- Laufen mit Zugseilen von vorn (#17)
- Laufen mit Zugseilwiderstand von hinten (#33)
- Bergauf laufen (#25)
- Treppen laufen (#26)

Wenn Sie den Fuß zu stark hochziehen, kommt er zu weit nach oben, manchmal sogar über die Hüfte. Das passiert, wenn Ihre Hamstrings weiter arbeiten, obwohl der Fuß den Boden bereits verlassen hat. Je länger Sie den Fuß aktiv hochziehen, desto höher kommt er und desto länger bleibt er hinter Ihrem Körper zurück: Solange die Ham-

Zu starkes Hochziehen des Fußes

strings arbeiten, kann der Fuß nicht nach vorn schwingen und unter die Hüfte kommen.

Der erste Schritt zur Korrektur dieses Fehlers ist die richtige Vorstellung davon, wie die Bewegung eigentlich aussehen sollte und wie die Hamstrings dabei arbeiten. Denken Sie an die Kolben eines Automotors. Hier gibt es keine lange, geführte Zug- oder Druckbewegung, die die Kolben auf und ab bewegt – es gibt nur einen kurzen Impuls durch die Zündung. Die Energie, die dabei freigesetzt wird, reicht aus, um die Pleuelstange nach oben zu treiben.

Der Fußaufsatz ist das Signal für Ihre Hamstrings zu „zünden". Eine kurze Kontraktion ist genug, um den Fuß wieder vom Boden zu lösen. Die weitere Bewegung passiert passiv und entspannt mit der Energie dieses Impulses. Die Hamstrings haben ihre Arbeit bereits getan, wenn der Fuß den Boden verlassen hat. Folgende Übungen sind in besonderem Maße dazu prädestiniert, das richtige Bewegungsgefühl zu bekommen:

- Laufen mit Zugseilen von vorn (#17)
- Wechsel des Supports mit Zugseilen (#18)
- Laufen mit Zugseilen über dem Kopf (#34)

Der Fehler, sich abzudrücken, statt den Fuß hochzuziehen, passiert meist aus alter Gewohnheit. Sie arbeiten mehr gegen die Schwerkraft, als sie zu Ihrem Vorteil zu nutzen. Drücken Sie sich nicht ab, strecken Sie nicht das Knie und arbeiten Sie nicht mit dem Fußgelenk oder den Zehen.

Mit welchen Übungen können Sie das lernen? Mit allen! Alle Übungen, die Sie bis hierhin kennengelernt haben, helfen Ihnen dabei, eine entspannte Haltung zu erlernen und Ihre Füße unter der Hüfte hochzuziehen, statt sich vom Boden abzudrücken. Nehmen Sie Ihre Füße aus dem Weg und lassen Sie sich von der Schwerkraft helfen!

Wenn Sie statt des Fußes das Knie hochziehen, müssen Sie mit jedem Schritt die schweren Oberschenkel anheben. Aber die Energieverschwendung ist dabei nur das halbe Problem: Während Sie das Knie und damit den ganzen Oberschenkel mühsam gegen die Schwerkraft anheben, fällt der Körperschwerpunkt bereits unter dem Einfluss der Schwerkraft nach unten. Das Bein, das viel zu hoch angehoben wurde, muss jetzt schnell nach unten beschleunigt werden, um den Moment des Bodenkontaktes mit der Abwärtsbewegung des Körpers zu synchronisieren. Der aktive Kniehub führt somit nur zu einer erhöhten Stoßbelastung beim Bodenkontakt, was unangenehme Folgen haben kann. Dazu kommt, dass die Aufwärtsbewegung Ihres Oberschenkels die Hamstrings unnötig belastet. Diese Muskelgruppe hat ihre Arbeit bereits getan und sollte sich entspannen, stattdessen muss sie jetzt auch noch die Aufwärtsbewegung des Oberschenkels bremsen und ihn nach unten beschleunigen. Das Resultat ist also nicht nur eine erhöhte Stoßbelastung für Ihren Körper, die Hamstrings müssen auch noch viel mehr arbeiten als eigentlich nötig.

Aktiver Kniehub

Diesen Fehler können Sie am besten mit all den Übungen korrigieren, die die Bewegung des Schwungbeins nach vorn beschränken:

- Laufen hinter dem Partner (#19)
- Laufen mit den Armen hinter dem Rücken (#27)
- Laufen mit Zugseilen von hinten (#33)

Behalten Sie immer die folgenden Regeln für die richtige Ausführung des Ziehens im Gedächtnis:

- Ziehen Sie den Fuß in dem Moment nach oben, in dem er den Boden berührt.
- Leiten Sie die Bewegung mit einem kurzen Impuls der Hamstrings ein.
- Ziehen Sie den Fuß unter der Hüfte hoch.
- Die Hüftbeuger und die vordere Oberschenkelmuskulatur bleiben entspannt.

6. Akt, 7. Kapitel

Fehler in der Bewegung der Arme

Die Bewegung der Arme sollte beim Laufen perfekt mit der Bewegung der Beine synchronisiert sein. Ihr Körper funktioniert als eine zusammenhängende und ausbalancierte mechanische Einheit, in der die Bewegung der Beine der entscheidende Faktor dafür ist, was der Rest Ihres Körpers macht. Alles, was nicht mit der Bewegung der Beine synchronisiert ist, bringt Sie zwangsläufig aus dem Rhythmus.

Viele Läufer haben das Bild im Kopf, dass Sie aktiv mit den Armen arbeiten müssen und dass die Armbewegung die Beinbewegung steuert. Aber genauso, wie Probleme entstehen, wenn Sie versuchen, Ihren Schritt aktiv zu verlängern, führt jeder Versuch, die Arme aktiv für den Vortrieb zu nutzen, unweigerlich zur Beeinträchtigung der idealen Lauftechnik, die wir mit so viel Hingabe zu erreichen versuchen.

Das beste Beispiel dafür sind die Sprintversuche zum Ende von Mittelstreckenrennen. Wild entschlossen, das Letzte aus sich herauszuholen, forcieren die Läufer die Armbewegung für den letzten „Kick". Und was passiert? Als Erstes verursacht der übermäßige Armeinsatz eine Abweichung von der geraden Linie zum Zielstrich. Als Zweites wird dringend benötigte Energie von den Beinen zu den Armen abgezogen, die jetzt mehr verbrauchen als eigentlich nötig. Drittens werden die Arme innerhalb von wenigen Sekunden schwer wie Stein, da der hohe Energiebedarf die Milchsäure in die Arme schießen lässt. Diese Schmerzen sind eine klare Botschaft an das Gehirn: Alle Systeme herunterfahren – und zwar sofort!

Der entschlossene, aber leider nicht sehr kluge Läufer hat das Gleichgewicht verloren. Zuerst wurde das physische Gleichgewicht zerstört: Die übertriebene Armbewegung führte zu einer verstärkten Rotation der Hüfte, sodass der ganze Körper darum kämpfen musste, aufrecht zu bleiben und weiter in einer geraden Linie zum Ziel zu laufen.

Als Zweites wurde das wichtige Gleichgewicht der Energiereserven des Körpers zerstört – und zwar in dem Moment, in dem sie am meisten gebraucht wurden. Anstatt alles den Beinen zur Verfügung stellen zu können, mussten große Energiemengen nicht nur für die Arme, sondern für alle Teile des Körpers abgezweigt werden, die darum kämpfen mussten, geradeaus zu laufen.

Zuletzt zerstört der Zerfall der Technik und die resultierenden Schmerzen die wichtigste Komponente der Leistung des Läufers: das mentale Gleichgewicht. Statt dass ein ruhiger Körper einem ruhigen Geist erlaubt, die Arbeit erfolgreich zu vollenden, haben die übertriebenen Bewegungen den Geist in einem Chaos zurückgelassen. Eine Menge unangenehmer Informationen und Schmerzen müssen verarbeitet bzw. ertragen werden. Die Konzentration geht verloren und negative Gedanken breiten sich aus.

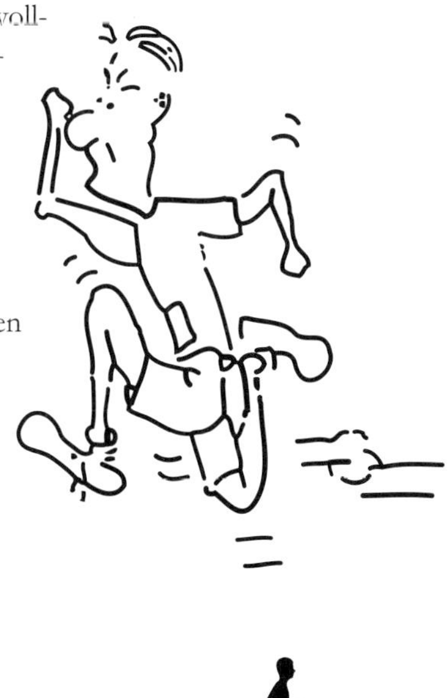

Sie können solche Bilder sogar bei den Olympischen Spielen beobachten: Der Läufer scheint auf dem Weg zur Ziellinie jegliche Koordination zu verlieren. Anstatt sich flüssig der Ziellinie zu nähern, bewegt er sich krampfhaft und ruckartig, völlig außer Kontrolle. Die Zuschauer klatschen begeistert für die Tapferkeit und die Entschlossenheit des Athleten. Aber die Realität ist eine andere: Der Versuch, sich zu sehr anzustrengen, und das auch noch mit den falschen Dingen, hat den Wettkampf des Läufers ruiniert. Es ist wirklich kein schöner Anblick.

Natürlich ist die Versuchung groß, alles Menschenmögliche für das beste Resultat zu tun. Aber wenn Sie alles dafür tun wollen, dann müssen Sie auch das Richtige tun und das Falsche vermeiden.

Lassen Sie mich auf das Modell des Läufers als zusammenhängendes, mechanisches System zurückkommen. In diesem System sind die Beine das dominierende Element, der Rest des Körpers ordnet sich ihrer Bewegung unter. Um beim Wechsel des Supports von einem Bein auf das andere das Gleichgewicht zu halten, reagiert der Körper mit einer leichten Vorwärtsrotation der Schulter auf der gegenüberliegenden Seite des Beines, das nach oben gezogen wird. Die Rotation des Schultergürtels an sich trägt nichts zur Vorwärtsbewegung bei, sie reflektiert nur die Bewegung der Beine. Die Bewegung der Arme reflektiert wiederum die Rotation des Schultergürtels.

In dieser Abfolge von Bewegungen sind die Arme ganz am Ende der Kette; ihre Bewegung sollte so klein wie möglich sein, damit das Gleichgewicht aufrecht erhalten werden kann. Die Armhaltung sollte frei und entspannt sein, sodass die Arme auf die Beine und den Rest des Körpers „hören" können und bereit dazu sind, sich Änderungen in deren Aktivität anzupassen.

Die einfachste Möglichkeit herauszufinden, ob sich Ihr Schultergürtel zu viel bewegt, ist folgende: Strecken Sie beim Laufen beide Arme gerade nach vorn aus, die Hände sind zur Faust geballt und liegen aneinander. In dieser Position werden Sie jede überflüssige Bewegung sofort zu spüren bekommen. Die gleiche Übung können Sie auch mit den Händen hinter dem Körper machen.

6. Akt, 8. Kapitel

Die Angst vor dem Laufen überwinden

„Ich möchte behaupten,
dass wir nur vor der Angst selbst Angst haben müssen."
Franklin D. Roosevelt

Sie kennen jetzt die Grundlagen des Laufens mit der Pose-Methode, und dennoch sind Sie gerade erst am Anfang eines langen Weges, Ihr Potenzial voll auszuschöpfen. In diesem Kapitel beschäftigen wir uns mit der symbiotischen Beziehung zwischen Technik, Kondition und Psychologie und wie diese Elemente mit dem Erzielen von Spitzenleistungen zusammenhängen.

Die Verbindung zwischen Technik und Schnelligkeit bzw. Ausdauer ist relativ offensichtlich: Perfekte Technik führt zu geringerem Energiebedarf, flüssigeren, besser koordinierten Bewegungen und geringerer Belastung für Gelenke, Bänder und Sehnen. Auf diese Weise schaffen wir sehr gute Voraussetzungen, um so schnell und so weit zu laufen, wie wir können. Es gibt allerdings einen weiteren Faktor, der unsere Leistung limitiert: unser Geist.

Wenn Ihr Körper nicht harmonisch mit Ihrem Geist zusammenarbeitet, sind Spitzenleistungen unmöglich. Ohne die Signale des Geistes würde nicht einmal der erste Schritt geschehen. Wenn Sie nur den Körper trainieren und den Geist ignorieren, reicht das vielleicht, um den Sport auf einem mehr oder minder befriedigenden Niveau auszuüben. Um jedoch Ihr Potenzial auszuschöpfen, ist das nicht genug: Körper und Geist müssen zu einer Einheit werden.

„Mens sana in corpore sano": Ein gesunder Geist ist in einem gesunden Körper. Dieses lateinische Sprichwort gilt auch andersherum: Ohne einen gesunden Geist gibt es auch keinen gesunden Körper. Wenn wir im Kontext des Laufens über den Geist sprechen, geht es dabei um drei verschiedene Ebenen: die psychologische, die mentale und die spirituelle Ebene. Nur wenn sich die Bewegung auf alle drei gleichermaßen stützt, wird Ihre Leistung all Ihre Vorstellungen übertreffen. Ich will Ihnen mit zwei Beispielen veranschaulichen, welche Leistungen dann möglich sind.

Kennen Sie die griechische Legende von Phidippides? In der Antike beschäftigten die Armeen trainierte Läufer, um wichtige Informationen von Ort zu Ort zu übermitteln. Die meisten Versionen der Legende erzählen, dass Phidippides ausgewählt wurde, um von Marathon nach Sparta zu laufen und Hilfe für die Griechen in ihrem Kampf gegen die Perser anzufordern. Phidippides legte die brutale, hügelige Strecke von mehr als 200 Kilometern in zwei Tagen zurück, nur um zu erfahren, dass die Spartaner nicht vor Ende eines neuntägigen religiösen Festes helfen konnten. Mit dieser Information lief er die ganze Strecke zurück nach Marathon und überbrachte die schlechte Nachricht. Als der griechische Befehlshaber realisierte, dass die Hilfe der Spartaner zu spät kommen würde, befahl er einen Überraschungsangriff auf die Perser und führte seine Truppen trotz zahlenmäßiger Unterlegenheit zu einem großen Sieg. Mit dieser Nachricht schickte er abermals Phidippides nach Athen, um die Kunde vom großen Sieg zu verbreiten. Die Neuigkeiten waren so überwältigend, dass er trotz seiner Erschöpfung die Strecke bewältigte und die Nachricht überbrachte, bevor er auf der Stelle tot zusammenbrach. Er hatte sich buchstäblich zu Tode gelaufen.

Zugegeben, dieses Beispiel ist etwas drastisch. Nur keine Sorge – das zweite Beispiel wird Ihnen bekannter vorkommen. Wenn Sie schon Erfahrungen in Wettkämpfen gesammelt haben, kennen Sie bestimmt dieses Gefühl nach der Hälfte der Strecke: Es breitet sich ein allgemeines Unwohlsein im Körper aus, Sie kämpfen gegen den Schmerz und werden langsamer. Es passiert immer und immer wieder. Wenn Sie dann hinterher mit Ihren Freunden über das Rennen reden, werden Sie wahrscheinlich sagen: „Ab Kilometer X ging es mir richtig schlecht und ich habe nur noch gekämpft!".

Von Zeit zu Zeit gibt es jedoch Rennen, in denen Sie besser laufen als jemals zuvor und neue persönliche Bestzeiten aufstellen. In diesen Fällen werden Sie fast immer sagen: „Das hat sich heute richtig leicht angefühlt – ich glaube ich hätte noch schneller laufen können!".

Denken Sie darüber nach: Wenn Sie sich am meisten anstrengen, wenn Sie leiden und sich schlecht fühlen, laufen Sie trotz aller Mühen nicht schnell. Wenn es sich dagegen mühelos anfühlt, sind Sie am schnellsten. Dieser Zustand, wenn alles zusammenpasst und sich mühelos anfühlt, ist das große Ziel. Um dieses Ziel nicht nur einmal zufällig, sondern immer wieder zu erreichen, bedarf es einer langen Vorbereitung, die nicht nur physisches, sondern auch mentales und spirituelles Training mit einschließt. Das Erlernen der idealen Lauftechnik ist nur der erste Schritt dieses langen Weges.

Das Erlernen der Pose-Methode ist nicht nur eine physische, sondern besonders eine mentale Herausforderung. Sie kämpfen dabei gegen tief verwurzelte Gewohnheiten und denken darüber nach, dass Sie in derselben Zeit zehn Kilometer hätten laufen können – stattdessen haben Sie mit den Übungen nicht mal einen geschafft. Der Drang, einfach nur laufen zu gehen, spukt ständig in Ihrem Kopf herum.

Die Pose-Methode ist viel mehr als eine Sammlung von mechanischen Bewegungen Ihres Körpers: Es ist ein vieldimensionales Phänomen. Wenn Ihr Geist offen, entschlossen und konzentriert ist, wird es Ihnen relativ leicht fallen, die Pose-Methode zu erlernen. Wenn Sie sich jedoch nicht auf Neues einlassen und Ihre Gedanken schweifen lassen, werden Sie Mühe haben, die grundlegenden Bewegungen zu meistern. Das Erlernen dieser Fähigkeiten ist in erster Linie eine Übung mentaler Kontrolle.

Der nächste Schritt in Ihrer Entwicklung als Pose-Läufer beginnt, wenn Sie die neue Lauftechnik anwenden. In diesem Stadium sind die neuen Bewegungen noch nicht gefestigt und verlangen Ihre volle Konzentration – und das immer länger, je weiter Sie laufen. Auch hier könnte man denken, dass das nur ein physisches Problem ist, aber das Gegenteil ist der Fall.

In fast allen Fällen ermüden Läufer zuerst mental, psychisch oder spirituell, bevor Sie wirklich physisch erschöpft sind. Warum passiert das? Warum geben Läufer auf, lange bevor Sie wirklich körperlich ermüdet sind? Die Antwort liegt in dem Titel dieses Kapitels: Die Angst vor dem Laufen überwinden.

Denken Sie zurück an das typische Beispiel eines Rennens, in dem Sie sich nach der Hälfte der Strecke ziemlich elend fühlen. Warum passiert das? Oder besser gefragt: Warum trainieren Sie so, dass das passiert? Die Antwort wird Sie überraschen. Für gewöhnlich bleiben Läufer aus einer unbewussten Angst vor besseren Leistungen hinter Ihren Möglichkeiten zurück. Sie schaffen sich Ihre eigenen Hindernisse und die enttäuschenden Leistungen sind all zu oft selbsterfüllende Prophezeiungen. Die gute Nachricht ist: Genau wie Sie Ihr physisches Potenzial durch das Erlernen von Pose erweitert haben, können Sie auch Ihren Geist trainieren, um die selbst geschaffenen Hindernisse zu überwinden.

Viele Menschen laufen, um dem Alltag zu entkommen, um über Probleme nachzudenken oder um alles andere hinter sich zu lassen. Mit anderen Worten: Sie verwenden Ihre mentale Energie beim Laufen auf alles Mögliche, nur nicht auf das Laufen selbst. Vielleicht genießen Sie Ihren Lauf für den Moment, aber Sie gehen ein hohes Risiko ein, sich dabei zu verletzen. Anstatt Probleme zu lösen, haben Sie dann ein neues am Bein. Mit Pose können Sie zwei Fliegen mit einer Klappe schlagen: Sich auf etwas zu konzentrieren, ist oft die beste Therapie. Mit der Konzentration auf das Hochziehen der Füße wird Laufen zur Meditation. So bekommen Sie einen klaren Kopf und verhindern Verletzungen zugleich. Sie werden sehen, wie gut sich die vielen Pose-Laufübungen anfühlen. Das Gefühl, die Schwerkraft in Geschwindigkeit umzusetzen, lässt Sie vieles auf der Stelle vergessen.

Es gibt noch eine andere Herausforderung, die Sie als Läufer meistern müssen: Sie müssen die Probleme, die beim Laufen auftreten können, richtig diagnostizieren und korrigieren. Bei langen Läufen zum Beispiel bemerken viele Läufer, dass sich Ihr Schritt wegen einsetzender Müdigkeit verkürzt. Die Korrektur lautet dann meistens: Streng dich mehr an um die Schrittlänge wieder auf das ursprüngliche Maß zu bringen. Das unmittelbare Ergebnis ist eine höhere Herzfrequenz, mehr Spannung in der Muskulatur, eine verschlechterte Technik und weiter geminderte Leistung.

Die richtige Korrektur wäre, die Schrittfrequenz zu erhöhen, um die Vorteile der muskulären Elastizität und einer kompakten Bewegung zu nutzen. Dazu bedarf es keiner größeren physischen Anstrengung, sondern einer stärkeren mentalen Fokussierung, um den Körper das tun zu lassen, was er am besten kann: sich von der Schwerkraft vorwärts ziehen lassen.

In den genannten Beispielen für die Bedeutung mentaler Disziplin beim Laufen geht es immer um bewusste Entscheidungen und Kontrolle. Allerdings gibt es auf einer tieferen Ebene unserer Psyche einen Punkt, an dem unser bewusster Verstand einen schwierigen Kampf mit dem Unterbewusstsein um die Kontrolle des Körpers führt. Wir Menschen sind immer noch ein Teil der Tierwelt; tief in uns existieren fest verwurzelte Mechanismen, die unser Überleben sichern. Unser Organismus hat Strategien, mit denen er Gefahren abwendet und sich selbst vor allem schützt, was als Angriff von außen gewertet wird.

Zu einer solchen Gefahr kann auch ein langer oder harter Lauf werden. Die verbrauchte Energie und die damit verbundene physiologische und mentale Ermüdung senden ein deutliches, wenn auch unbewusstes Signal an den Organismus. Was wir als bewusste Handlung begonnen haben, wird von unserem Körper als lebensgefährlich wahrgenommen – als etwas, das sofort gestoppt werden muss. Sie verspüren diese Angst nicht bewusst, aber die Symptome dafür sind klar: steife

Muskeln, brennende Schmerzen, Atemprobleme, Muskelkrämpfe und hämmernde Herzschläge ...

Auch wenn Ihr Bewusstsein immer noch das Kommando „Vollgas voraus!" sendet, hat Ihr Unterbewusstsein schon längst damit begonnen, dem Körper gegenteilige Anweisungen zu geben, um das Leben zu schützen. Selbst wenn Sie diese Anweisungen nicht „hören" oder ihnen keine Beachtung schenken, übernimmt es langsam die Kontrolle über den Körper und bremst Sie aus: Ihre Schrittfrequenz wird langsamer, die Bodenkontaktzeit verlängert sich, die Muskeln verspannen sich, Sie lehnen sich nach hinten und die Füße landen weit vor dem Körper. Kurz gesagt, Ihre Form geht zum Teufel. Sie bremsen mit allem, was Sie zur Verfügung haben. Und als wenn das nicht genug wäre, verbreitet sich auch noch ein allgemeines Unwohlsein in Ihrem Körper. Die Botschaft Ihres Unterbewusstseins ist eindeutig: „Mach langsamer!".

An dieser Grenzschicht zu den Überlebensmechanismen liegt die Chance zur Verbesserung. In Wirklichkeit ist die Situation, der der Körper ausgesetzt ist, nicht lebensbedrohlich, sie wird nur so interpretiert. Jedes Mal, wenn der Körper an diesen Punkt kommt und das Unterbewusstsein ihn stoppt, hinterlässt das seine Spuren. Mit der Zeit entwickelt der bewusste Teil unseres Geistes eine ganze Reihe von Rechtfertigungen, um die unvermeidliche Verlangsamung zu erklären.

Auch wenn Ihre Leistung zuerst durch das Unterbewusstsein behindert wird, das Bewusstsein zieht viel zu schnell nach und akzeptiert diese Grenzen als gegeben. Das ist der Grund, warum es Ihnen während eines Rennens immer wieder schlecht geht. Jedes Mal, wenn Sie diesen kritischen Punkt erreichen, steht Ihnen eine ganze Litanei von Ausreden bereit, die Sie garantiert für Jahre auf demselben Niveau halten: „Ich bin ja kein Profiläufer, ich mach das ja nur zum Spaß", „Heute ist es zu feucht", „Diese Strecke ist zu hügelig für mich", „Ich möchte ja nicht zu früh in Form kommen" – all das sind Beispiele für die grenzenlose Kreativität unseres Verstandes, wenn es darum geht, Entschuldigungen zu finden. Wenn Sie sich nicht weiter verbessern können, ist das selten ein physisches Problem. In den meisten Fällen ist es viel mehr ein mentales Manko.

Das Zusammenspiel zwischen Bewusstsein und Unterbewusstsein bietet aber auch neue Möglichkeiten. Auf jeder Ebene des menschlichen Organismus, angefangen von den Molekülen und Zellen bis hin zu dem ganzheitlichen System genannt „Mensch", gibt es einen ständigen Wettbewerb zwischen dem Bewusstsein und dem Unterbewusstsein. Beide haben ihre eigenen Ziele, Bedürfnisse und Befriedigungen. Da sie diese Dinge im selben Organismus verwirklichen müssen, ist das Verhältnis zwischen ihnen nicht immer freundlich. Wenn eines sich durchsetzt, muss das andere klein beigeben.

Angenommen Sie wollen eine schwierige Tempotrainingseinheit absolvieren. Ihr Unterbewusstsein, mit seiner evolutionär gewachsenen Aufgabe, das Überleben zu sichern, bekämpft dieses Vorhaben jedoch, indem es die Koordination verschlechtert, die Muskeln verkrampft, die Herzfrequenz in die Höhe treibt und riesige Mengen von Energie verbrennt. All das führt schließlich zu einer Verlangsamung – das Unterbewusstsein hat dem Bewusstsein die Kontrolle entrissen.

Diese versteckten Siege des Unterbewussten drängen das Bewusstsein allmählich zur Akzeptanz der schlechten Leistung. Wenn sich dann die physischen Symptome summieren, stehen schon die passenden Entschuldigungen parat: „Ich bin noch nicht bereit für Tempotraining", „Ich bin übertrainiert", „Ich habe schon genug getan", ...

Das ist auch der Grund, warum Sie langsam mit dem Tempotraining beginnen sollten. Es sind weniger die fehlenden physischen Voraussetzungen als dieses empfindliche Gleichgewicht zwischen Bewusstsein und Unterbewusstsein, das behutsam mit diesen neuen Anforderungen konfrontiert werden muss. Die Ziele, die Sie sich setzen, müssen für das Unterbewusstsein glaubhaft sein. Um Ihre Leistung mit der Zeit zu steigern, muss sowohl Ihr Bewusstsein als auch Ihr Unterbewusstsein die gesetzten Ziele akzeptieren und daran glauben können, dass sie erreichbar sind. Wenn Sie 400 Meter Wiederholungen immer in 75 Sekunden gelaufen sind, können Sie nicht einfach entscheiden, sie jetzt in 60 Sekunden zu laufen. Ihr Unterbewusstsein wird in Panik geraten und Ihr Vorhaben mit der Notbremse stoppen. Sie können jedoch die Zeit der Intervalle über 12 - 16 Wochen langsam immer weiter reduzieren, bis Sie sich von 75 auf 60 Sekunden verbessert haben – zumindest wenn Sie wirklich daran glauben.

Natürlich gibt es auch Situationen, in denen der Selbsterhaltungstrieb des Unterbewusstseins unsere bewussten Fähigkeiten bei weitem übertrifft und enorme Kräfte freisetzt. Wer zweifelt daran, dass wir schneller laufen oder höher springen könnten, wenn ein bissiger Hund hinter uns her wäre? Wenn es wirklich nötig ist, fordert unser Unterbewusstsein eine perfekte Lauftechnik und eine hohe Geschwindigkeit ein, zumindest so lange bis die Gefahr gebannt ist. Auch wenn solche Anlässe zum Glück sehr selten sind, beweisen Sie doch, dass unsere physischen Fähigkeiten größer sind, als unser Bewusstsein bereit ist zu akzeptieren. In jedem von uns steckt die Fähigkeit, großartige Leistungen zu vollbringen. Wir müssen lernen, dieses Potenzial bewusst anzuzapfen.

Der nächste Aspekt unserer Überlegungen zu der Beziehung zwischen Technik, Kondition und Psychologie betrachtet die zeitliche Dimension. Der menschliche Körper, getrennt betrachtet von dem, was wir Geist nennen, ist in der Gegenwart gefangen. Unser Geist dagegen ist frei, in die Vergangenheit zu schweifen, sich mit der Gegenwart auseinanderzusetzen oder auch über die Zukunft nachzudenken. Als freies Wesen, unabhängig von den Schranken, die den Körper begrenzen, kann sich der Geist von der Arbeit des Körpers trennen – eine Tatsache, die verheerende Auswirkungen auf die Effizienz beim Laufen haben kann.

Es ist vielleicht eine schöne Vorstellung, dass Sie Ihren Körper auf Autopilot stellen können und weiterhin perfekt laufen, während Sie Ihre Gedanken schweifen lassen – nur leider funktionieren die Dinge so nicht. Meistens wandern unsere Gedanken während eines langen Laufes in die Zukunft. Ihr Körper ist bei Kilometer 10, aber Ihr Geist ist dabei sich auszumalen, was auf dem Weg bis Kilometer 42 alles passieren könnte. Anstatt die momentane Arbeit des Körpers zu kontrollieren, baut sich der Geist ein ganzes System von Vermutungen darüber auf, ob der Körper wirklich bereit ist, mit guter Form durch den ganzen Marathon zu kommen. Indem Sie weit voraus bis zur Ziellinie denken, manifestiert sich in Ihrem Geist eine handfeste Angst vor der Zukunft, während Ihre physiologischen und biomechanischen Prozesse, die Ihr Bewusstsein unbeaufsichtigt bei Kilometer 10 zurückgelassen hat, langsam zusammenbrechen.

Wenn der Geist von seiner Reise in die Zukunft wieder zurückkommt, findet er das Chaos vor, das er sich ausgemalt hat. Der Beginn allen Übels ist die Besorgnis über die körperliche Fähigkeit, es bis zur Ziellinie zu schaffen, während in der Gegenwart die Dinge bereits auseinanderfallen, lange bevor die Ziellinie überhaupt in Sicht ist.

An diesem Punkt ist es meistens schon zu spät, um eine gute Leistung zu retten. Die Signale, die der Körper jetzt an das Gehirn sendet, sind bereits Zeichen der Bedrängnis: Die Schritte werden schwer und die Muskeln schmerzen. Die Angst vor der Zukunft bestätigt sich, und das nur, weil unser Geist die Gegenwart für einen Ausflug in die Zukunft verlassen hat.

Das Training des Geistes ist also genauso wichtig wie das des Körpers. Wenn Sie diese beiden Komponenten in Ihr Lauftraining integrieren, können Sie den Zenit erreichen und Rennen bestreiten, die spirituellen Erfahrungen nahekommen. Wie ich schon zu Beginn dieses Kapitels erwähnt habe, fühlen sich Spitzenleistungen meistens nicht sehr schwer an. Im Gegenteil – alles fühlt sich sehr natürlich an.

In diesem Zustand sind Sie voller Selbstvertrauen, Ihr Körper und Ihr Geist arbeiten harmonisch zusammen. Jede Bewegung scheint perfekt zu sein und ist Ausdruck höchster Konzentration. Egal ob Sie es „Zen" oder „Flow" nennen wollen, an diesem Punkt gibt es keine Zweifel, kein Zögern und keine mentalen Ausflüge. Sie haben eine Herausforderung angenommen und nutzen den Moment. Wenn der Körper gut vorbereitet und der Geist klar und konzentriert ist, sind Spitzenleistungen das Ergebnis. Sie sind kein Zufall und passieren auch nicht jeden Tag.

Spitzenleistungen sind das Resultat perfekter Technik, langer, sorgfältiger Vorbereitung und vollkommener geistiger Präsenz. Wenn Sie weiter in Ihrer Entwicklung als Pose-Läufer voranschreiten, müssen Sie immer daran arbeiten, alle Komponenten zusammenzubringen. So können Sie die Angst hinter sich lassen und Ihre beste Leistung abrufen, wenn Sie es am meisten wollen.

Im Kern spiegelt die Angst Ihre persönliche Unsicherheit wieder. Das, worüber wir nichts oder nur sehr wenig wissen, hinterlässt eine emotionale Lücke in unserem Bewusstsein. Wenn wir laufen und uns gleichzeitig mit der Unsicherheit auseinandersetzen, füllt sich diese Lücke schnell mit Angst – Angst davor, zu schnell zu laufen, Angst davor, nicht schnell genug zu laufen, Angst vor Verletzungen, Angst vor dem Erfolg und Angst vor dem Versagen.

Zum Glück lässt sich die Angst vor dem Laufen zumindest in der Theorie sehr leicht überwinden: Füllen Sie die Lücke der Unsicherheit mit Wissen. Lernen Sie, wie man läuft, wie man Fehler erkennt und korrigiert; im Training wie im Wettkampf. Genau wie die physischen Elemente der Lauftechnik ist auch das Überwinden der Angst vor dem Laufen ein Lernprozess. Erfolge über Nacht gibt es dabei leider nicht.

Während Sie die einzelnen Schritte meistern, um Pose zu Ihrer „natürlichen" Lauftechnik zu machen, legen Sie gleichzeitig die Grundlagen, um die Angst vor dem Laufen zu überwinden. Durch die Perfektionierung Ihrer Lauftechnik entwickeln Sie auch ein neues Selbstvertrauen, das Ihre Laufleistungen maßgeblich beeinflussen wird.

Wenn Sie erst einmal verstanden haben, wie man läuft und wie man maximalen Nutzen aus der allgegenwärtigen Schwerkraft zieht, wird Ihnen das Laufen sehr viel einfacher vorkommen. Sie werden es nicht mehr länger als quälende, physische Übung betrachten, sondern als angenehme und stimulierende Anstrengung. Sie werden bei weitem nicht so große Umfänge laufen müssen, um schneller und weiter zu laufen als jemals zuvor.

Durch das Zusammenspiel von guter Lauftechnik und erhöhter Aufmerksamkeit für Ihre physischen und mentalen Fähigkeiten können Sie Ihre Leistung auf eine neue Ebene bringen. In gewisser Weise wird es nicht mehr derselbe Sport sein, den Sie für viele Jahre gehasst oder geliebt haben. Sie werden frei sein zu laufen – frei von Verletzungen, frei von Zweifeln und frei von Angst.

Epilog

„Ich habe auf meinem Weg viel gelernt – nicht nur, wie man läuft. Meine Einstellung zum Sport, zu Sieg und Niederlage, hat sich verändert. Ich blicke aus einer anderen Perspektive auf mein Training und auf die Ziele in meinem Leben.
Und so geht meine Reise weiter ... ich lerne, ich übe, ich trainiere meinen Körper und meinen Geist. Es ist ein endloses Abenteuer, das ich gerne mit Ihnen teilen würde."

Epilog

Ausgang aus dem Labyrinth

von Herman Lenferink, Historiker

Die Pose-Methode definiert eine absolute Norm für eine korrekte Lauftechnik. Das ist ihr großer Vorteil und ich bin heute mehr denn je davon überzeugt, dass diese Norm richtig ist. Sie weist uns Läufern und Trainern einen Weg aus dem Nebel, der seit Langem über dem Thema Lauftechnik liegt.

Als ich 1984 mit dem Laufen begann, schenkte man der technischen Ausbildung keine Aufmerksamkeit oder absolvierte nur routinemäßig die traditionellen Übungen wie Skipping, Kniehebelauf oder Anfersen in der Hoffnung, dass sie zur Verbesserung des Bewegungsablaufes beitragen würden. Doch wie man eigentlich laufen sollte, wurde von niemandem unterrichtet. Wir waren alle mehr oder weniger stark von der nach dem Zweiten Weltkrieg populären These von Ernst van Aken beeinflusst, der zufolge es beim Laufen nur auf die Leistungsfähigkeit der Organe und die Mentalität ankommen sollte, um Spitzenleistungen zu erzielen. Er schätzte die Bedeutung der Lauftechnik sehr gering ein, da Läufer mit sehr unterschiedlichen Laufstilen gleich schnell laufen könnten.[1] Die Lauftechnik wurde mehr als eine persönliche Marke angesehen, ein natürlicher Rhythmus, den man nicht ohne schwerwiegende Folgen verändern könnte. So schrieb Toni Nett im Jahr 1960, dass eine radikale Korrektur des Bewegungsablaufs ein zu harter Eingriff in das physisch-mentale Gesamtsystem des Athleten sei. Die Beeinflussung der individuellen Bewegungsmelodie sollte nach Nett sogar die Atemprozesse stören.[2]

Natürlich sahen viele Menschen, dass manche Läufer Fehler machten. Oder zumindest glaubten sie das, weil ihnen deren Laufstil so unästhetisch erschien. Das blieb auch von den Trainern nicht unbemerkt und so versuchten sie, das äußere Erscheinungsbild ihrer Athleten zu verändern: Sie riefen Dinge wie „Halte die Schultern still!" oder „Zieh den Schritt lang!". Weit verbreitet waren auch die Anweisungen, man solle „runder" laufen, besser abrollen oder die Arme in einer bestimmten Art und Weise einsetzen. Die Läufer versuchten, sich unter diesen Anweisungen etwas vorzustellen und sie auszuführen, was jedoch einen weiten Interpretationsspielraum zuließ und nicht selten zu eigenwilligen Ergebnissen führte. Und all dies geschah, weil es kein ganzheitliches

1 Med. Dr. Ernst van Aken: Laufstil und Höchstleistung (1947).

2 Toni Nett: Der Lauf (1960). Nett bezieht sich auf den französischen Wissenschaftler und Nobelpreisgewinner Alexis Carel, der 1935 das Buch „L'homme – cet inconnu" publizierte.

Bild davon gab, was technisch korrektes Laufen ausmacht.

Die Vorstellungen über die Armbewegung zum Beispiel gingen schon immer weit auseinander. In der Antike machte man einen Unterschied zwischen dem Sprint, wobei die Arme hoch nach oben bewegt wurden, und dem ausdauernden Laufen, wo die Läufer die Arme näher am Körper hielten. Bei Homer findet sich jedoch eine viel saloppere Beschreibung der Armbewegung: Er vergleicht sie mit den schnellen, aber entspannten Bewegungen, die die Frauen am Spinnrad machten.[3]

Marcel Mauss beschreibt, wie widersprüchlich die Gedanken zu diesem Thema Ende des 19. Jahrhunderts waren: „Was das Laufen betrifft, habe ich, wie Sie alle, einen Wandel in der Technik beobachtet. Stellen Sie sich vor: Mein Sportlehrer – einer der Besten in Joinville im Jahre 1860 – lehrte mich, mit an den Körper gepressten Fäusten zu laufen. Erst als ich 1890 professionelle Läufer sah, verstand ich, dass man anders laufen sollte.".[4] Zu dieser Zeit gab es zwei grundsätzlich verschiedene Auffassungen, wie die Arme beim Laufen einzusetzen seien. Nach der englischen Schule sollten beide Arme kraftvoll vor dem Körper auf Hüfthöhe von links nach rechts bewegt werden – diese Technik wurde auch „Querarmarbeit" genannt. Demgegenüber standen die Amerikaner und die Deutschen, die eine Bewegung wie die Kolben einer Dampfmaschine lehrten.[5]

Für ein moderneres Beispiel dieser gegensätzlichen Auffassungen müssen wir nur in die 1960er Jahre zurückblicken. Percy Cerutty, der Trainer von Herb Elliott, unterschied nicht weniger als sieben verschiedene Varianten der Armbewegung und bevorzugte eine fest zur Faust geballte Handhaltung. Toni Nett dagegen hielt das für falsch und wies wiederholt auf diesen Fehler in der Technik von Herb Elliott hin.

Die letzte Auffassung, die ich zu diesem Thema nennen will, ist die, dass die Arme nicht nur eine Gleichgewichtsfunktion haben sollen, wie es Nicholas Romanov betont, sondern dass sie auch Kräfte am Boden erzeugen sollen, die für den Vortrieb förderlich sind. Schon in den 1960er Jahren wurde geschrieben, dass die Armbewegung den Abdruck begünstigen würde, wenn der Ellbogenwinkel über die gesamte Bewegung hinweg konstant gehalten würde.[6] In antiken Aufzeichnungen finden sich ähnliche Ansichten: Die kraftvolle Armarbeit sollte den Abdruck verbessern. Dem Suchen und Verstärken des Widerstandes am Boden wurde eine große Bedeutung beigemessen. So können wir in antiken Schriften lesen, dass Läufern aufgrund ihrer außergewöhnlich großen Hände Vorteile zugesprochen wurden. (Zum Beispiel wurde die Schnelligkeit von Achilles seinen großen Händen zugeschrieben, die bis zu den Knien reichen sollten. Nach der

3 Siehe: Therese Aigner, Barbara Mauritsch-Bein, Werner Petermandl: Laufen, Quellendokumentation zur Gymnastik und Agonistik im Altertum, Teil 7. Texte, Übersetzungen, Kommentar (2002). Homers Beschreibung findet sich auch bei Carl Diem: Weltgeschichte des Sports (1960).

4 Marcel Mauss: Les techniques du corps, in: Sociologie et Anthropologie (1950).

5 Harold M. Abrahams (englischer Meister und Olympiasieger über 100 Meter, 1924): Kurzstreckenlauf, in: Dr. Carl Krümmel: Athletik, ein Handbuch der lebenswichtigen Leibesübungen (1930). Kritik der „Querarmarbeit" von Toni Nett: Training des Kurz-, Mittel- und Langstreckenläufers (1954).

6 A.A. Leeuwenhoek und L.J.W. Derichs: Atletiek, lopen en werpen (ca. 1962).

gleichen Logik wurden zum Springen Gewichte in den Händen benutzt.)[7]

Als ich 1984 mit dem Laufen begann, prägte ein irreführender Gedanke die Diskussion um das Thema Lauftechnik: Das Gros der Läufer wurde zur Norm gemacht. Die Beobachtung, dass etwa 80 % der Freizeitläufer auf der Ferse landeten, führte zu der Schlussfolgerung, dass das die richtige Technik sei und dass Laufschuhe so gestaltet werden sollten, dass der Stoß beim Landen auf der Ferse möglichst gut gedämpft wird. Plötzlich war diese Idee geboren und seitdem konnte man es in allen Trainingsbüchern nachlesen: Man sollte auf der Außenseite der Ferse aufkommen und bis zum großen Zeh abrollen. Doch dieser Stil wurde bei Menschen beobachtet, die keine oder nur wenig Erfahrung im Laufen hatten und dabei mehr die Bewegungen des Gehens imitierten – nur in einer beschleunigten Form. Es ist ein hartnäckiges Gerücht, dass der Fersenaufsatz eine Erfindung aus den 1930er Jahren der finnischen Läufer um Paavo Nurmi gewesen sein soll, die unter Lauri Pihkala trainierten. Sie sollen die Ersten gewesen sein, die diese Technik systematisch angewendet haben.[8] Historische Quellen bestätigen jedoch nicht, dass Pihkala diese Auffassung vertrat. Die Quellen bestätigen dagegen, dass er ein Gegner der orthodoxen Lehre des „hoch auf den Zehen Laufens" war (die Anhänger dieser Schule betrachteten den Fersenlauf fast als Verbrechen) und dass er mehr einen Fußaufsatz auf der ganzen Fußsohle bevorzugte.[9] In seinem Buch „Modern Track and Field" beschreibt der Autor J.K. Doherty die Diskussion zwischen Fred Wilt und dem olympischen Trainer aus Finnland, Armas Vaste, als dieser die USA im Jahr 1949 besuchte. Der finnische Trainer war sehr überrascht zu hören, dass die Amerikaner glaubten, die Finnen lehrten ihren Läufern, von der Ferse über die Zehen abzurollen. Er wies diese Ansicht entschieden zurück.[10]

Durch alle Überlegungen zum Thema Lauftechnik zieht sich die seltsame Neigung, einzelne Aspekte der Laufbewegung zu isolieren und diese zum Zentrum des Laufens zu machen. Ein prominentes Beispiel dieser Tradition der reduktionistischen Herangehensweise an das Laufen ist die aus Deutschland stammende „Lendendarm-Muskel-Theorie", die in der ersten Hälfte des 20. Jahrhunderts sehr populär war. Ihr zufolge soll die Kraft des Iliopsoas-Muskels (ein Hüftbeuger) entscheidend für das Laufen sein. Der Iliopsoas sollte intensiv mit Sandsäcken oder – wie in Schweden unter dem Trainer Olander – durch das hohe Anheben der Knie im tiefen Schnee trainiert werden.[11] Die Anhänger dieser Theorie vertraten weiterhin die Meinung, man könne den Schritt verlängern, indem man den Winkel zwischen Oberkörper und Oberschenkel vergrößert. Es kursierten zwei verschiedene Varianten dieser Theorie: Die Erste war, dass man die Hüfte während des Abdrucks nach außen drehen sollte, sodass man das Bein weiter nach hinten strecken konnte. Die Zweite war das Dehnen der Hüfte

7 Siehe Fußnote 3.

8 Siehe Fußnote 6.

9 Siehe: L. Pihkala: Langstreckenlauf, in: Dr. Carl Krümmel: Athletik, ein Handbuch der lebenswichtigen Leibesübungen (1930).

10 J.K. Doherty: Modern Track and Field (1963). Aus dieser Perspektive sollte die Aussage von Nicholas Romanov während des Workshops in Woerden (2005) betrachtet werden: „Der Fersenlauf kam aus dem nichts!".

11 Heftige Kritik dieser Theorie kann man in Toni Netts Buch nachlesen: Ihr Weg zum Erfolg. Wie weltbeste Läufer trainierten. 2. Teil (1952), und in: Der Lauf (1960).

mit Gymnastikübungen und das Entspannen des unteren Rückens und der Hüfte beim Laufen, um dem Bein eine größere Bewegungsfreiheit nach hinten zu geben.

Andere reduktionistische Ansätze der Lauftechnik basierten meist auf dem Laufstil guter Läufer, der dann als Essenz einer guten Lauftechnik betrachtet wurde. Die gängige Meinung war, dass der Finne Paavo Nurmi, der in den 1920er Jahren unschlagbar erschien, seine Schrittlänge durch das Strecken des Unterschenkels nach vorn vergrößerte. Es dauerte nicht lang, bis man dies als gutes Beispiel für eine richtige Lauftechnik hielt.

Später, gegen 1935, wurden Stimmen laut, die die Bedeutung der vollständigen Streckung des Knies und des Fußgelenks beim Abdruck betonten. Das Strecken des Knies sollte zur vertikalen Bewegung beitragen, das Strecken des Fußgelenks zur horizontalen Bewegung. Der damalige Weltrekordhalter über 800 Meter, Rudolf Harbig, wurde als Musterathlet dieser Technik angesehen. Er ist in einer kleinen Statue verewigt, die als „Rudolf-Harbig-Gedächtnis-Preis" vom Deutschen Leichtathletik Verband für viele Jahre Verwendung fand.[12] Diese Theorie blieb für lange Zeit sehr populär. So schrieben Leeuwenhoek und Derrichs in den 1960er Jahren ein Buch, das noch heute für die Ausbildung in der Sportwissenschaft in Holland verwendet wird. Darin heißt es: „Das Strecken des hinteren Beines, nachdem der Körperschwerpunkt die Stützfläche passiert hat, ist die wichtigste Quelle für die Leistung beim Laufen".[13] In Holland wies Cor van Tissot tot Patot, eine Autorität im holländischen Laufsport, darauf hin, dass es ein Technikfehler sei, wenn das Knie noch gebeugt ist und der Fuß den Boden verlässt.[14]

Es ist bemerkenswert, dass fast alle diese reduktionistischen Ansätze der Lauftechnik den aktiven Einsatz der Muskeln erwähnen, die die Streckung des Standbeins möglich machen. Diese Streckung, oft auch als Schrittverlängerung bezeichnet, wurde als die wichtigste Aktion beim Laufen angesehen. Woher kommt dieser historische Nachdruck auf die Beinstreckung?[15]

Vielleicht hat das Bild der schnellen Läufer aus der Tierwelt, wie Gazellen und Geparden, die Menschen beeindruckt. Eine andere Erklärung könnte in der oft durcheinandergeratenen menschlichen Wahrnehmung von Erscheinung, Bewegung und Aktivität gesucht werden. Das menschliche Auge ist besonders geeignet, Objekte wahrzunehmen, die klare Konturen haben. Es verliert jedoch mehr und mehr seine Funktion, wenn die Bewegungen schneller werden, als sie das Auge auflösen kann. In diesem Fall wird das Bild auf die größten Konturen ausgeweitet, die das Auge wahrnehmen kann. Basierend auf den jahrhundertelangen falschen Beschreibungen von Pferden im Galopp (mit nach vorn und nach

12 Ein Bild, das Rudolf Harbig mit extremer Hüft- und Beinstreckung darstellt, findet sich in: Gerda Harbig: Unvergessener Rudolf Harbig (ohne Jahresangabe, ca. 1950), nach S. 60.

13 Siehe Fußnote 7.

14 In: De Atletiekwereld (Zeitschrift des holländischen Verbandes KNAU).

15 Es ist bemerkenswert, dass es keine konkrete Beschreibung der Bewegung der Beine in antiken Quellen gibt (im Gegensatz zu der Bewegung der Arme). Die einzige (sehr allgemeine) Aussage darüber stammt von Aristoteles und passt in das Bild der Beinstreckungs-Theorien. Er beschreibt, dass Läufer „schnelle und weit ausgreifende" Beine haben sollten. Siehe Fußnote 4 und H. Lenferink: Laufen, in Pro Loop, Jahrgang 11, Nr. 3 (Rezension).

hinten gestreckten Beinen in der Flugphase) kam der französische Philosoph Merleau-Ponty zu der Auffassung, dass solch eine gestreckte Position, obwohl sie nichts darüber sagt, wie die Bewegung an sich aussieht, dennoch eine Fortbewegung von A nach B suggeriert, wohingegen eine Position mit den Beinen unter dem Körper wie eine Bewegung auf der Stelle wirkt. Wir scheinen die Essenz der Bewegung nicht mit unserem Gefühl oder unserem Verstand zu suchen, sondern wir klammern uns mehr an die Illusion von Bildern, die letztendlich nur das Ergebnis der Bewegung sind.[16]

Ohne Zweifel trugen diese vielen falschen und widersprüchlichen Vorstellungen von gutem Laufen dazu bei, dass die Lauftechnik einen sehr geringen Stellenwert unter anderen Trainingskomponenten einnimmt. Die Menschen realisierten nach und nach, dass all die Anweisungen und Empfehlungen keinen Sinn machten. Bezeichnend hierfür ist, dass der Läufer Bruce Tulloh – Europameister über 5000 Meter 1962 – im Jahr 1964 auf einem Kongress in Duisburg sagte, dass eine Menge Zeit damit verschwendet würde, korrekte Lauftechnik zu lehren und dass jeder Läufer von ganz allein zu dem Laufstil fände, der am besten für ihn geeignet ist. Er betrachtete all die wissenschaftlichen Analysen der Laufbewegung als zu stark vereinfacht. Und so schließt sich der Teufelskreis, der mit Ernst van Aken begann.[17]

Einer der Verdienste der Pose-Methode ist es, dass sie radikal mit den nicht haltbaren Streckungs-Theorien aufräumt. Durch die Entwicklung eines konsistenten Gesamtkonzepts trug Nicholas Romanov außerdem in großem Maße zur Aufwertung des Techniktrainings bei und führte damit Läufer und Trainer aus dem Jahrhunderte alten Labyrinth der Lauftechnik. Der oben beschriebene Teufelskreis wurde durchbrochen.

Nicholas Romanovs Ideen trugen auch zu der „Emanzipation der Hamstrings" bei. Es ist erstaunlich, für wie lange Zeit die Bedeutung dieser Muskelgruppe für das Laufen unbeachtet blieb. Nicholas Romanov sagte während eines Workshops, dass sich die meisten Menschen dieser Muskeln nicht bewusst sind, da sie auf der Rückseite des Körpers liegen. Dennoch sind eben diese Muskeln bei Spitzenläufer sehr stark ausgebildet. Das Wort Hamstring hat seinen Ursprung in der englischen Sitte, bei Schweinen die Sehnen dieser Muskeln an den Hinterbeinen zu durchtrennen, sodass die Tiere nicht mehr richtig gehen konnten und schneller dick wurden. Diese Praxis, die Sehnen am Kniegelenk zu durchtrennen, wurde auch im Krieg an gefangenen Pferden oder mit widerspenstigen Walen beim Walfang angewandt, wie Herman Melville in Moby Dick beschreibt (die Hamstrings finden sich an der Hinterflosse der Wale). Das englische Verb „to hamstring" bekam die Bedeutung, eben diese Muskeln zu durchtrennen oder in einem allgemeineren Sinne

16 Merleau-Ponty: L'Oeil et l'Esprit (1964). Merleau-Ponty beschreibt dieses Phänomen, wenn er die Bilder von Pferden in der gestreckten Haltung von Géricault ("Derby van Epsom") mit den objektiven Fotografien von Eadweard Muybridge vergleicht, auf denen die Pferde die Beine in der Flugphase unter dem Körper haben.

17 Siehe: Toni Nett: Bericht über den gemeinsamen IV. Kongress der International Track and Field Coaches Association (ITFCA) und den III. Kongress des Europäischen Leichtathletik-Lehrer-Verbandes (ELLV) in Duisburg (Bundesrepublik Deutschland), 11.-13. März 1964.

etwas „unfähig zu machen". Dieses Schicksal wurde jedoch nicht nur Tieren zu teil: Im Jahr 1638 wurden auf Befehl des Sultans die Hamstrings des armen Cyrill Lucars durchtrennt. Der Dichter Marvell schrieb: „Hamstringed frogs can dance no more". Ganz offensichtlich weiß man schon lange, wie wichtig die Hamstrings für die Bewegung sind.

Ich arbeite jetzt bereits seit einigen Jahren mit Pose, und dennoch will ich nicht von mir behaupten, dass ich bereits ein vollständiges Verständnis dieses Konzeptes in der Theorie und der Praxis hätte. Aber ich bin froh, dass die Entdeckungsreise immer noch weiter geht. Pose hat mir einen Rahmen gegeben, mit dem ich meinen Läufern viel besser als zuvor Ratschläge und Übungen an die Hand geben kann, um Ihre Technik zu verbessern. Und ich spreche dabei nicht nur von fortgeschrittenen Läufern mit vielen Jahren Wettkampferfahrung, sondern besonders auch von Anfängern. Was mich wirklich beeindruckt, ist, dass die Läufer mit Pose so gut wie verletzungsfrei bleiben. Aber auch Läufer, die verletzt waren und am Laufen gezweifelt haben, finden wieder zu diesem wunderbaren Sport zurück.

Und mein persönliches Fazit als Läufer? Ich hatte immer mit schwarzen Zehennägeln zu kämpfen und machte dafür meine Hohlfüße verantwortlich – etwas, wogegen ich nichts tun konnte. Ich erinnere mich noch gut an den ungläubigen Blick von Nicholas Romanov, als ich das während des Workshops in Woerden erwähnte. Und zwei Jahre später muss ich zugeben: Ich habe keine schwarzen Zehennägel mehr.

Herman Lenferink
Historiker

Epilog
Über den Autor

Nicholas S. Romanov ist in Russland geboren. Nachdem er sein Studium an der Sportfakultät der staatlichen Chuvash Universität mit Auszeichnung abgeschlossen und ein Jahr in der sowjetischen Armee gedient hatte, setzte er seine Tätigkeit an der Chuvash Universität als Dozent für Leichtathletik sowie als Coach des Leichtathletikteams fort. Gleichzeitig studierte er am Institut für wissenschaftliche Forschung und Körperkultur im Labor des berühmten sowjetischen Sportwissenschaftlers und Trainers Prof. Vladimir M. Diachkov in Moskau.

Nachdem er seinen Doktortitel für eine Arbeit zum Thema „Leistungsstabilität von Spitzensportlern in der unmittelbaren Vorbereitungsphase der Hauptwettkämpfe" von der russischen Akademie für Körperkultur und Sport in Moskau bekommen hatte, wurde er Ressortleiter des Bereichs Sport, Cheftrainer in der Leichtathletik und außerordentlicher Professor für Sportbiomechanik, Körpererziehung, Trainingswissenschaft und Leichtathletik. Mitte der 1970er Jahre entwickelte er die Pose-Methode, die die Effizienz und die Leistung in der Leichtathletik, im Schwimmen, Radfahren, Turnen, Eisschnelllauf, Langlauf und vielen anderen Disziplinen verbesserte.

1993 emigrierte Nicholas Romanov in die USA nach Miami, Florida. Dort gründete er das Unternehmen PoseTech, das Profi- und Freizeitathleten aus der ganzen Welt in Lauf- und Triathlontechnik unterrichtet. 1997 veröffentlichte er sein erstes Lehrvideo „Pose Method of Running", 2001 erschien die gleichnamige DVD, die bis heute auf der ganzen Welt verkauft wird.

Er leitet in Zusammenarbeit mit Vereinen, Verbänden und Universitäten Kurse und Seminare in den USA, Mexiko, Europa, Südamerika und Australien. Von 1996 bis 2002 war er Mitglied des Komitees für Training des amerikanischen Triathlonverbands. Von 2000 bis 2004 arbeitete er als Berater und Trainer des britischen Triathlon-Nationalkaders.

Wissenschaftliche Studien zur Pose-Methode wurden am Olympiastützpunkt in Colorado Springs (G. Dallam, 1998), an der „Florida Atlantic University" (C. Sol, 1999), der „Sheffield Hallam University" in England (G. Fletcher, 2001, 2006), der „Cape Town University" in Südafrika (T. Noakes, 2002) und an der „Kubansky State University" in Russland (A. Pianzin, 2003, 2005, 2006) durchgeführt.

Nicholas Romanov lebt heute im Alter von 55 Jahren mit seiner Frau Svetlana und seinen drei Kindern in Miami.

Epilog
Empfohlene Literatur

Biomechanik

Alexander, R.M. (1988): Elastic Mechanisms in Animal Movement. Cambridge University Press, Cambridge.

Alexander, R.M. (1992): The Human Machine. Columbia University Press.

Cavanagh, P.R. (Hrsg.) (1990): Biomechanics of Distance Running. Human Kinetics Books, Champaign, IL.

Bosch, F. R.; Klomp, R. (2004): Running. Biomechanics and Exercise Physiology in Practice. Churchill Livingston.

Brown, T.G. (1912): Note Upon Some Dynamic Principles Involved in Progression. The British Medical Journal, September, S. 785-787.

Dilman, C. J. (1975): Kinematic Analysis of Running. Exercise and Sport Sciences Reviews, Vol III, S. 193-218.

Doherty, J.K. (1963): Modern Track and Field: Running Style on Middle and Distance Running. Prentice-Hall.

Dyson, G.H.G. (1967): Running.The Mechanics of Athletics. University of London Press, Ltd., S. 109-124.

Fenn, W.O. (1930): Work Against Gravity and Work Due to the Velocity Changes in Running. American Journal of Physiology, Volume 93, S. 433-462.

Hay, J. G. (1986): Track and Field: Running. The Biomechanics of Sports Techniques. Press-Hall, Inc., S. 395-414.

Housden, E.F., Wiet, F. (Hrsg.) (1964): Mechanical analysis of the Running Movement, in: Run, Run, Run. Los Altos, California, Track & Field News, Inc., S. 240-245.

Margaria, R. (1976): Biomechanics and Energetics of Muscular Exercises. Oxford University Press, London.

Wissenschaftstheorie

Bateson, G. (1987): Geist und Natur. Eine notwendige Einheit. Suhrkamp, Frankfurt am Main.

De Rosnay, J. (2002): The Macroscope: A New World Scientific System. Harper & Row, New York.

Kuhn, T.S. (2003): Die Struktur wissenschaftlicher Revolutionen. Suhrkamp, Frankfurt am Main.

Leichtathletik

Benyo, R., Henderson, J. (2002): Running Encyclopedia. Human Kinetics.

Doherty, J.K. (1963): Modern Track & Field. Prentice-Hall, Englewood Cliff, N.J.

Lawson, G. (1997): World Record Breakers in Track & Field Athletics. Human Kinetics.

Lydiard, A. (1998): Running to the Top. Meyer & Meyer Sport.

Noakes, T. (2001): Lore of Running, Fourth Edition. Oxford University Press.

Newton, A.F.H. (1935): Running. H. F. & G. Witherby, London.

Newton, A.F.H. (1947): Common sense Athletics. G. Berridge, London.

Newton, A.F.H. (1949): Races and Training. G. Berridge, London.

Tanser, T. (1997): Train Hard, Win Easy. The Kenyan Way. Tafnews Press.

Philosophie

Aristotle, Barnes, J. (Hrsg.) (1984): The Complete Works of Aristotle, Revised Oxford Translation. Volume one, Bollingen Series LXXI-2, Princeton University Press; Movement of Animals, S. 1087-1096, Progression of Animals, S. 1097-1110.

Aurelius, M. (2004): Meditations, A new translation by Gregory Hays. Phoenix.

Gonzales, L. (2004): Deep Survival. W.W Norton & Company, New York.

Millman, D. (2002): Der Pfad des friedvollen Kriegers. Ludwig, München.

Tsu, S. (2001): Die Kunst des Krieges. Droemer Knaur.

Da Vinci, L. (2006): Das Da-Vinci-Universum: Die Notizbücher des Leonardo. Ullstein, Berlin.

Tolle, E. (1999): The power of NOW: a guide to spiritual enlightenment. New World Library.